나를 잃어버려도 괜찮아

개정판

나를 잃어버려도 괜찮아

개정판

노자 지음
바야즈 옮김

난 모른다

○
○
○

도덕경은 어렵습니다.

도덕경을 번역한 사람은, 도덕경이 세상에 출현한 이래로 무수히 많습니다. 그만큼 도덕경은 어렵고, 번역한 사람조차 이해하지 못하고 번역을 한 경우도 있을 수 있다는 것입니다. 그중 가장 큰 문제는 아마도 도덕경이 마치 한문의 천재, 한문의 소양이 있어야만, 혹은 역사적 배경지식이 있어야만, 알 수 있는 '학자 중의 학자'를 위한 책으로 여겨져 왔다는 점일 것입니다.

도덕경 20장에서, 노자는 말합니다.
'학문을 끊으면, 근심이 없다.'

또, 도덕경 19장에서,
'성스러운 것을 끊고, 지혜를 버려.'

또한, 도덕경 10장에서,
'모든 것을 알고 난 후에, 그것이 사실은 '모름'임을 알라.'
고 이야기 합니다.

도덕경은 학문을 위한 책이 아니며, 도덕경 제일 첫 장에 이야기한 것처럼, 글자에 얽매여 이해될 수 있는 책이 아닙니다.

그리고, 도덕경은 '시'입니다.

논문도 아니고, 소설도 아니고, 학술서도 아닙니다. 또한 '도'에 대해 설명한 책이 아닙니다. 설명한 책이 아니라는 뜻은, 경험을 전달하는 책이라는 뜻입니다. 모르는 것은 설명되지만, 아는 것은 주관적으로 경험될 수밖에 없기 때문입니다. 그렇기에, 저자의 뜻, 노자의 뜻에 맞게, 노자 스타일을, 인류의 현재 의식수준에 맞는 현대적인 언어로 바꿀 뿐입니다. '시'이기 때문에, '시'로 바꿔야 합니다. '말'이기에 '말'로 전달되어야 합니다.

노인(노자)이 말하는 것을, 독자가 그대로 듣게 하고 싶었습니다. 노인은 단순하고, 쉽고, 명쾌하며, 위트있게, 모르는 것을 모른다고 하며, 또 재미있게 독자에게 이야기를 건넬 것입니다.

과학문명을 발생시킨, 서양의 언어는 구체적이고 직설적입니다. 그에 비해 동양의 언어는 추상적이고 모호합니다. 노자의 동양적 언어를, 현 시대에 맞게 구체적이고 직설적인 서양문명의 언어를 빌려 전달하고자 합니다.

　동양사람들은 '도'라는 말을 들으면서 자라났기 때문에, 마치 자신이 '도'라는 말이 무엇인지 안다는 착각에서 도덕경을 읽게 되고, 서양사람들은 애초에 '도'라는 말을 들어본 적이 없기에, 우선 자신이 '도'라는 말이 뭔지 모른다는 것을 알고 도덕경을 읽게 됩니다. 그래서 동양의 학자들이 해석한 도덕경은 과녁을 벗어납니다. '난 알고 있다는 착각이 오히려 모름을 만들어 내는 것'입니다.

　또한 도덕경을 읽는 독자들이 읽고 싶어하는 이유는 도덕경의 내용, 노자가 이야기한 내용의 의미이지, 도덕경을 통해 박학다식을 자랑하는 해설자의 의견은 아닐 것입니다. 그리고 한자를 익히고 배우기 위해서도 아닐 것입니다. 그저 도덕경 전체의 내용을 술술 읽어가며, 그 안에 있는 지혜의 정수를, 그것을 읽고 감응하는 자신의 내면과 만나게 하고 싶기 때문일 것입니다.

　대학에서 한문교육을 전공했습니다. 대학 4년을 마치면, 문리가 트이는 줄 알았습니다. 그러나 트이지 않았고, 그 갈증에 현대 중국어를 공부했고, 일본어도 공부했습니다. 그런데, 그렇게 공부하고 '고문'을 봐도, 문리가 트이지 않았습니다. 중국에서 10년을 살았습니다. 중국인 만큼 중국어를 할 수 있게 되었습니다. 그렇다고 해서 도덕경을 이해할 수 있게 되는 것은 아니었습니다.

제가 도덕경을 완역한다고 해도, 도덕경에 대해 알게 된 사람은 아마 없을 것입니다. 저도 모르고, 독자도 모르고, 아마 노자 자신도 모를 것입니다. 혹은, 저는 모르지만 독자나 노자는 알 수도 있을 것입니다.

그럼에도 독자 여러분과 노자 도덕경이라는 낯선 길 위에서 우연히 만나, 함께 이 찬란한 여정을 걸을 수 있게 되기를 바랍니다.

마지막으로 이 책의 출판을 위해 노력해 주신 모든 분들께 감사의 말씀을 전합니다.

차
례

서문_난 모른다
도덕경을 읽기에 앞서

글을 마치며
원문 해석에 대해
도덕경 원문 해석

도덕경을 읽기에 앞서

○
○
○

　노자의 도덕경은 무용(無用)한 책입니다. 읽어서 단순히 머리로 이해
한다고 해서 도움이 되는 책이 아니라는 말입니다.

　마치 자전거를 책으로 배우는 것과 같고, 사랑을 책으로 배우는 것
과 같습니다. 지적으로는 이해할 수 있겠지만, 그 이해는 자전거를 실
제로 탈 수 있게 해주지 않고, 사랑을 할 수 있게 해주지도 않습니다.
자전거도 사랑도 실제로 경험해야 이해할 수 있을 뿐입니다.

　도덕경은 침묵으로 경험되어져야 하는 책입니다.

　노자는 도덕경 1장에서, 언어로 표현할 수 있는 방법이 없는데 억지
로 표현하기 위해서 '도(道)'라는 말을 사용했다고 합니다. 도는 말 그

대로 '길'입니다. 길은 하나의 과정입니다. 그 길은 시작도 없으며 끝도 없는 길입니다. 그렇다면 그 길을 어떻게 가야 하는 것일까요?

노자는 '덕'이라는 방법을 제시합니다. 길을 가기 위해서 '덕'이라는 실천 방법을 구체적으로 밝힙니다. '덕'은 보통 '쌓는다'라고 표현합니다. 그렇다면 무엇을 쌓아가라는 것일까요? '덕'이라는 한자를 하나하나 뜯어서 분해해보면, 다음과 같습니다.

* 德 = [彳(조금 걸을 척) 혹은 行(다닐 행), 十(열 십), 目(눈 목), 一(하나 일) 혹은 乚(숨을 은), 心(마음 심)]
'가다 혹은 행하다, 열 번(여러 번), 눈으로, 하나를 (집중해서), 혹은 숨어있는 것을 살피듯 자세히, 마음을 관찰한다'라는 의미로 볼 수 있습니다. 비약해서 말씀드린다면, 내면의 관찰을 이야기합니다. 현대적인 말로 표현하면, '명상'이라고 할 수 있을 것입니다.

'도'라는 길, 그 목표를 이루기 위해 '덕'이라는 실천 방법을 제시하고, 끊임없이 정진하라는 의미입니다.

도덕경은 1장에서 '언어'로 표현할 수 없는 '도'를 제시하고, 2장부터 '나 없음', 즉, '도를 체득한 사람'은 '분별하는 지각'에서 벗어나 있음을 보여줍니다. 그렇기 때문에 '나라는 주장', '나의 것', '나'가 없기 때문에, 세상 사람들이 에고적으로 말하는 '아름다움', '선함' 그런 것들은 '추함', '선하지 않음'이라고 이야기합니다. 왜냐하면 세상 사람들은 '나의 입장'에서 '아름다움', '선함'을 규정하고 있을 뿐이기 때문입니다.

그다음에 노자가 말하는 '있음과 없음은 서로를 만들어 내고, 길고 짧은 것은 서로를 이루며' 등등의 이야기는 에고적인 입장 없이 본 실상을 이야기하는 것입니다.

도덕경 3장부터는 언어로 표현할 수는 없지만, 노자가 경험으로 체득한 도에 대한 이야기를 해 나갑니다. 3장을 이해하기 위해서는 노자가 말하는 무위에 대한 이해가 필요합니다. 무위, 그리고 그것에 상반되는 개념이 유위입니다. 무위를 나누어 보면, 없음, 그리고 행함으로 볼 수 있습니다. 행하지 않는다는 의미라기 보다는 실행을 하는데, ~없이 행한다라고 보는 것이 타당합니다. 왜냐하면 반대 개념인 유위가 있기 때문입니다. 유위를 나누어 본다면, 있음, 그리고 행함입니다. ~있이 행한다라고 볼 수 있습니다. 그렇다면 ~이 말하는 것은 과연 무엇일까요?

무위자연이라는 말을 들어보았을 것입니다. 무위는 그렇다고치고 자연은 무슨 말일까요? 자연은 말 그대로 스스로 그러하다라는 말입니다. 본래 그러하다는 뜻입니다. 앞의 무위는 자연이라는 말과 동일한 뜻으로도 볼 수 있습니다. 즉, 무위(無爲) = 자연(自然)입니다. ~없다, 행한다. = '본래 그러하다'라고 볼 수 있습니다.

그렇다면 대체 ~이 없다는 말일까요? 그것이 바로 행위를 하는 주체가 없다는 말입니다. 다시 말하면 '나'라는 것이 없다는 말입니다. 스스로 그러한 것이지, 그것을 하는 주체가 없다는 것입니다. 불교에서 말하는 '무아(無我)'와 일맥상통하는 이야기라고 볼 수 있습니다.

그래서 노자가 말하는 무위(無爲)는 사실 무아위(無我爲)라고 보면 쉽습니다. 유위(有爲)는 유아위(有我爲)라고 보면 됩니다.

무위(無爲) = 무아위(無我爲) = 에고 없이 행함 = 나 없이 행함
유위(有爲) = 유아위(有我爲) = 에고 있이 행함 = 나 있이 행함

그렇기 때문에 노자가 도를 체득한 성인(깨달은 사람)에 대해 묘사할 때, '에고 없이 행하기에 자랑하지 않는다'라는 식의 표현을 한 것입니다. 행위를 하는 행위자인 '나'라는 것이 없으니, '나의 이익'도 없고, '나의 자부심' 등등도 당연히 없습니다. 그러므로 '살지만 소유하지 않을 것'입니다. 왜냐하면 '나'라는 것이 없기 때문입니다. 무욕(無欲)이라는 것도 욕망을 만들어낸 내가 없기 때문에 가능한 것이고, 그렇기에 노자는 '무욕(無欲)을 하고자 한다'라는 표현을 쓴 것입니다. 이렇게 무위(無爲)를 무아위(無我爲)로 풀어서 도덕경을 읽어보면, 아리송한 부분이 쉽게 풀리게 됩니다.

도덕경 25장에 도법자연이란 말이 있습니다. 도는 자연(스스로 그러함)을 법으로 삼는다라는 이야기가 있는데, 당연히 그럴 수밖에 없습니다. 에고 없이 스스로 그러한 것을 도의 법으로 삼는다는 것입니다. 자연은 자연을 움직이는 주체자를 필요로 하지 않습니다. 그저 스스로 그러한 것일 뿐이기 때문입니다. 현대 과학기술 문명을 통해, 자연을 움직이는 어떤 주체자 따위가 없다는 것은 현재 인류에게 명백한 사

실입니다. 그렇지만, 노자가 살았던 시대에는 이러한 사실이 명백하지 않았을 것입니다. 그러한 이유로 아마도 그 당시의 사람들에게 노자의 말은 오해의 소지가 많은 하나의 주장에 지나지 않았을 수도 있습니다.

도덕경 3장에서 에고가 생겨나는 이유를 분별심에 두고 있는 것도 유심히 읽어보시면 알 수 있습니다. 현명함을 숭상하지 않는 것, 분별은 바로 에고가 있기 때문에 생겨납니다. 그렇지만 에고가 사라지면, 좋다 나쁘다의 분별심, 현명함, 멍청함 등의 분간이 당연히 사라져버릴 것입니다.

도덕경 4장부터 8장까지는 '도'라는 것이 대체 어떤 것인지에 대해 노자는 비유를 통해 이야기합니다. 왜냐하면 경험적인 영역을 지적으로 이해할 수는 없기 때문에 그저 비유를 통해 전달하려 하는 것입니다.

9장은 에고의 특성에 대해 10장은 에고가 없다는 것이 어떤 것인지, 11장은 에고가 없어져도 괜찮다고 이야기합니다. 12장은 에고로 사는 것에 대해 이야기하고, 에고로 인해 파생되는 나의 것으로 여기는 것들의 허상에 대해 13장에서 부연해 줍니다.

이렇게 1장에서 13장까지 노자는 도덕경에서 말하고자 하는 개관을 밝혀 놓습니다. 14장부터는 개관에 대한 부분을 좀 더 구체화하는 방향, 또한 도를 실현한 성인(깨달은 사람)은 어떻게 살아가고, 그것이 우리들에게 어떤 영향을 주고 있는지를 알려줍니다. 또한 나아가 현실의 삶을 살고 있는 사람들의 고통과 그 고통이 발생하고 있는 원인들, 그에 대한 해결책도 제시해 줍니다. 그렇지만 노자가 누누이 말하고 있는 해결책들이 세상에서 실현되기 어렵다는 것도 부연합니다.

노자는 포기하지 않고, 도를 체득하는 방법으로 덕이라는 것을 제시하며, 어떻게 하는 것이 덕을 쌓는 것인지에 대해 설명합니다. 처음에는 모호하게, 그러나 점점 구체적으로 그 방법에 대해 밝혀나갑니다.

72장부터 76장까지 노자는 '삶과 죽음'에 대해 이야기하며, 진실로 산다는 것이 무엇인지, 어떻게 살아야 하는지를 말해줍니다. 그리고 77장부터 80장에 걸쳐서 다시 한번 자신이 앞에서 이야기한 것들을 정리해 줍니다.

81장에 비로소 제일 첫 장에서 말한 것처럼, '도'는 언어로 설명될 수 없는 경험적 차원의 것이라는 것에 대해 부연하고, '내가 준 것이 바로 내가 받을 것이다'라는 자연의 법칙과 깨달은 사람이라는 것은 '물질적이거나 정신적인 어떤 것도 쌓아두려 하지 않는 자, 내가 없는 자, 에고가 사라진 자, 그렇기 때문에 그 무엇과도 다투지 않는 자'라는 말로 마지막 장을 마무리합니다.

01   도를 아십니까?

노자가 정한 '도(道)', '무(無)',
'유(有)', '현(玄)'의 개념에 대해

노인이 말했어.
"자네 '도(道)'가 뭔지 알고 있나?"

내가 의아해하면서 말했어.
"네? 지금 설마 제가 대학시절 길에서 만난 '도를 아십니까?' 그거 말씀하시려는 거예요?"

노인이 웃으며 말했어.
"뭐 비슷해. 그렇지만 '도를 아십니까?'보다 좀 더 심오한 이야기야. 한 번 들어보겠어?

아주 오랜 옛날에 한 늙은이가 살았어. 그 늙은이는 500년을 살았다고 하기도 하고, 1000년을 살았다고 하기도 해. 그리고 지금 현재까지 살고 있다는 주장을 하는 사람들도 종종 있어. 신선이라고 하기도 하

                                나를 잃어버려도 괜찮아

고, 암튼 그런 늙은이가 살았는데…

　신비한 기운을 풍기는 터라 따르는 사람들이 생겼고 늙은이가 어딜 가려고 하자, 혹여 다시는 못 볼까 봐 두려워 길을 막고 가르침을 청했어. 그래서 난처해진 늙은이는 어쩔 수 없이 5000여 글자로, 죽간에 써서 문지기에게 주고 길을 떠나버렸어. 그 늙은이가 남긴 글이 지금까지 전해 내려오는데, 표현이 아주 애매모호하여 수많은 사람이 그 늙은이의 말을 이해하기 위해서 쓸데없는 노력을 아주 많이 하고 있지."

　내가 시큰둥한 목소리로 말했어.
"그래서요?"

　노인이 말했어.
"한 번 들어나 봐. 재밌어.

◆

　이게 말이야.
　말로 어떻게 설명이 안 되는 이야기인데, 뭐 그런 거 있잖아. 알겠는데 말로는 설명 못 하는 그런 거 말이야. 그걸, '도(道)'라고 하자고, 뭐 '도'라고 해도 되고, '돈'이라고 해도 되고, '똥'이라고 해도 되긴 돼. 그런데 말로 표현할 방법이 없으니, 일단 '도'라고 하자는 말이야.

　굳이 표현하지 않아도 되는데, 말을 하려면 뭔가 그럴듯한 것이 필요하기 때문에 내가 고심 끝에 '도'라는 글자를 선택했다는 말이야.

세상이 창조되기 전에는 아무것도 없었어.
그 상태를 '무(無)'라고 하자고,

세상 만물이 나타났어.
그 상태를 '유(有)'라고 하자고,
없기 때문에 있게 되는 것이고, 있기 때문에 없어지는 거잖아.

그런데, 여기서 내가 내공을 더 한 번 발휘해 보겠어.
'무'와 '유'는 말이야. 이미지화해서 생각해보면, 깜깜한, 어떤 거므
스르한 그런 뭔가 깜깜한 밤 같은 곳에서 나타난 거야. 또한 어떤 상
태로 본다면, 아마도 '고요함 혹은 완전한 침묵'이라고 할 수 있을 거
야. 그걸 문자로 표현하여 '현(玄)'이라고 하자고.

즉, 있었기 때문에 없어지고, 없었기 때문에 있어지는 것인데, 이러
한 있어지고 없어지고는 깜깜한, 뭔가 거므스르한 곳에서 발생한다는
말이야.

뭔 말인지 알겠어?"

내가 말했어.
"그게 무슨 말씀이신지…? 대학 시절 도를 아십니까? 보다 엄청 어
렵네요."

나를 잃어버려도 괜찮아

노인이 말했어.

"사실 '도'는 그저 '침묵'으로만 경험될 수 있는 것인데, 굳이 언어로 표현하려고 해. 또한 '도'는 논리적으로 설명될 수도 없는 것인데, 한 번 시도해 보려고 하니 부디 마음을 활짝 열고 잘 들어 달라는 말이야."

에고적 견해와
순수한 의식의 차이

노인이 말했어.

"1장에서도 이야기했지만, 내가 쓰는 언어의 뜻과 세상 사람들이 쓰는 언어의 뜻은 차이가 있어.

그 차이를 간단하게 말하면, 내가 쓰는 언어는 '비에고적인, 순수한 의식'에서 출발하여 그저 무엇을 표현하기 위해 적절한 표현을 찾은 것뿐이야. 그렇기에 '내가 옳고, 넌 틀렸다'를 주장하지 않아. 그러나 세상 사람들이 쓰는 언어는 '에고적인, 나의 의견, 나의 생각, 나의 신념체계, 나아가 집단적 신념체계를 드러내기 위한 표현'이라고 할 수 있어. 그렇기에 세상의 언어는 '내가 옳고, 넌 틀렸다'를 주장하고 있는 것이라 볼 수 있을 거야.

그래서,

◆

　세상 사람들은 '에고적 관점'에서 아름답다고 이야기하는데, '비에고적 관점'에서 보면 오히려 추하다고 할 수도 있어. 이것은 세상 사람들이 에고적 관점에서 아름답고, 추한 것, 옳고 그른 것을 주장하고 있는 것과 같기 때문에 내 관점에서는 오히려 추하다는 것이야.

　마찬가지로 세상 사람들이 선하다고 여기는 것은 에고적인 관점에서의 선함이기 때문에, 내 관점(비에고적)에서 본다면 오히려 선한 것이 아닐 수 있다는 거야.

　순수한 의식으로 본다면, '있음과 없음'은 그저 서로를 만들어 내고, '어려움과 쉬움'은 서로를 이루며, '길고 짧은 것'은 서로를 드러내고, '높음과 낮음'은 서로 기울기를 표현한 것이고, '노래와 소리'는 서로 어울려지는 것일 뿐이고, '앞과 뒤'는 서로 따르는 것을 그저 표현한 것이지 무엇인가를 주장하고 있는 것이 아닌거야.

　깨달은 이는 에고가 사라져 '순수한 의식'으로 존재해.

　그렇기 때문에 무엇을 하던 에고없이 행하고, 나의 주장, 나의 의견 따위가 없는 가르침을 펼치며, 세상의 존재들을 나타나게 하지만 그것에 대해 말하지 않고, 삶을 살아가지만 어떤 것도 소유하지 않으며, 무엇을 해내지만 자랑하지 않고, 업적을 이루어내지만 그 업적에 머무르려 하지 않아. 무엇에도 머무르지 않으니, 이러한 이유로 어디로 떠나지도 않을 거야.

이러한 까닭은 모두 '깨달은 사람은 에고가 없기 때문'인 거야.

알겠어?"

나를 잃어버려도 괜찮아

03 분별, 구별을 만들지 마라

노인이 말했어.

"깨달은 사람은 에고가 없다고 하는데, 그렇다면 우리는 '에고'라는 것이 무엇인지 한 번 생각해 봐야 할 거야.

서양의 심리학에서 말하는 '에고(ego)'라는 것은 무엇일까? 에고는 소위 '자아'라고 할 수 있어. 내 몸은 늙고 변할지라도 마치 마음속에는 변하지 않는 무엇인가가 있는 것 같은 느낌, 그것을 에고라고 할 수 있어.

그럼 좀 더 간단하게 '에고'를 이야기해 볼게. '에고'는 단순화해서 본다면 '기억'이라고 할 수 있어.

'나라는 기억', '내가 경험한 기억', '내가 한 생각에 대한 기억', '누군가의 이야기를 들은 기억' 등등 '기억의 총합'이라고 보면 이해하기 편할 거야.

다시 말해 '에고'는 '나라고 주장하는 기억의 총합'이라고 볼 수 있어.

그렇다면 최초의 자의식의 시작은 무엇일까?"

노인이 말했어.
"자네가 떠올릴 수 있는 최초의 기억은 무엇인가?

어릴 적에 자기 자신을 발견한 순간이 있잖아. 그때가 자기 자신을 처음 마주하는 것이고, 에고가 탄생하는 순간이야. 에고는 '나'라는 자의식을 말하는 것인데, '나'라는 자의식은 '너'라는 대상이 내가 아니라는 것을 인식할 때 나타나는 것이야. 즉 나와 내가 아닌 것을 구별, 분별하게 되는 시작점이라고 할 수 있어.

내가 있으니, 너가 생기고, 너가 생기니, 그들이 생겨나고, 그들이 생겨나니, 그들이 아닌 그것들이 생겨나고, 그것들이 생겨나니, 그것들은 나의 지각에 의해 좋은 것과 싫은 것으로 구별되게 되는 거야.

그런데 만약 내가 없다면, 너도 없고, 그들도 없고, 그것들도 존재하지 않으며, 좋고 싫음도 없을 거야. 왜냐하면, 나와 너와 그들과 그것들, 좋고 싫음의 분별이 내가 없음으로 인해 소멸하였기 때문이야.

그래서 에고가 시작되는 원인이 바로 '분별, 구별'이라는 말이야.

◆

나를 잃어버려도 괜찮아

지위의 높고 낮음, 귀한 것 하찮은 것,
이러한 분별을 만들지 않는 것이 중요해.
이러한 개념, 허상은 분란을 만들 뿐이야.
그러니, '나'라는 허상을 벗고,
'나 없음'의 실체를 보라는 말이야.

알겠어?"

04 '도' 사실은 나도 잘 모른다

노인이 말했어.

"앞에서도 누차 이야기했지만, '도'라는 것을 언어로, 말로 표현할 수 있는 방법은 없어. 그저 비유를 통해 대략적인 윤곽을 표현해 보려고 노력할 뿐이야.

그래서,

◆

'도'를 비유하자면,

마치 텅 비어 있고,
채울 수 없는 것 같고,
만물의 근본 같고,

있는 듯 없는 듯하고 암튼 그런데,

사실,
나도 잘 몰라."

05 　　　　　　　　　하늘은 무심해

노인이 말했어.
"'도'를 통해 운영되고 있는 하늘과 땅, 그리고 '도'를 체득한 깨달은 사람에 대해 비유를 한 번 해볼게.

◆

하늘도, 깨달은 사람도 무심한 것 같아.
세상만물에 어떤 의미를 두지 않아.

구별하고 분별하여, 좋고 나쁨 등을 만들어 내지 않는다는 말이야.

마음의 공간을 잘 관찰해보면, 하늘과 땅 사이의 공간처럼,
마치 커다란 주머니를 가진 피리 같아.

텅 비어있고, 그러나 찌부러지지 않는데,

그 생동감은 오히려 넘치는 것 같아.

사실 나도 이 이야기를 (도에 관한) 하지 말아야 했는데, 결국 하고 말
았네.

허허허.”

노인이 말했어.

“부연하여 이야기를 좀 더 하자면, 도덕경은 두 가지 부분으로 이루
어져 있어. 하나는 ‘도’에 대한 부분이고, 다른 하나는 ‘덕’에 대한 부
분이야.

‘도’라는 것은 말 그대로 풀이하면, ‘길’이라고 보면 될거야. 그 ‘길’
은 시작도 없고, 끝도 없는 ‘길’이며, 하나의 계속되는 혹은 순환되는
‘과정’이라고도 할 수 있어. 또한 ‘길의 여정의 목적지 아닌 목적지’라
고도 할 수 있어. 이러한 것을 말로 표현하기가 어렵지만, 그래도 억
지로 다시 한번 표현을 해 본다면, ‘자연’, ‘스스로 그러함’, ‘본래 그러
함’이라고 할 수 있을 거야.

만일, ‘도’를 어떤 도달점 혹은 상태라고 한다면, ‘어떻게 ‘도’를 체
득할 수 있을까?’라는 궁금증이 생겨날 거야. 그렇지? 그래서 노자는
그 실천 방법, 그 길을 가는 방법을 제시하고 있는데, 그것이 바로 ‘덕’
이라는 거야.

'덕'이라는 말은 '쌓는다'라는 의미를 가지고 있어. 또한 '덕'이라는 글자를 하나하나 풀어서 살펴보면, 行(다닐 행), 十(열 십), 目(눈 목), 一(하나 일) 혹은 ㄴ(숨을 은), 心(마음 심)으로 구성되어 있음을 알 수 있어.

行(다닐 행)은 계속 나아가며 실행하는 의미로 보면 되고, 十(열 십)은 한 번, 두 번, 세 번⋯ 열 번, 반복해서 꾸준히 해 나가는 것으로 볼 수 있어. 그렇다면 무엇을 할 것인가? 바로 目(눈 목) (마음의) 눈을 사용해서, 一(하나 일) 하나에 집중하여 관찰하는 것인데, 무엇을 관찰할 것인가? 바로 心(마음 심) 마음을 관찰하라는 것이야.

다시 한번 명확하게 설명하면, '덕'은 '도'를 체득하기 위한 실천 방법이고, 그 실천 방법은 열심히 그리고 꾸준히 내면을, 마음을 눈으로 관찰하는 거야. '덕'이라는 말은 불교적인 언어로 바꾸어 본다면 '내면의 관찰(內觀)'이라고 할 수 있을 거야. 혹은 '명상'이라고도 할 수 있겠지.

추후에 기회가 되면, '덕'에 대한 더욱 구체적인 이야기를 해줄게. 우선은 '도'에 대해 다른 방식으로 비유하여 알려줄게.

알겠어?"

　　　　　　　　　　　　　　　　　나를 잃어버려도 괜찮아

06

도는 비유하면
마치 골짜기 같아!

도에 대한 비유 3 |

◆

'도'라는 것을 자연에 빗대어 본다면,
아마도 골짜기 같은 것이라 할 수 있어.

골짜기가 가지고 있는 이미지를 잘 떠올려봐.
깊고 생명력이 넘치는 그 자연의 모습을 말이야.

한발 더 나아가 상상력을 발휘해 본다면,
마치 검고 검은 미지의 만물의 어머니 같은 느낌말이야.

그것을, 현빈(玄牝)이라고 하자고.
바로 이곳에서 모든 것이 생겨나는 거야.

모든 것이 끊임 없이 존재하지만, 결코 억지로 힘들게 태어나는 것은 아니야.

07

내가 준 것이
바로 내가 받을 것이다 1

도에 대한 비유 4 |

노인이 말했어.

"

◆

'도'라는 것은,
마치 하늘과 땅처럼 오래도록 변함이 없는 것이야.

그럴 수 있는 이유는,

하늘과 땅처럼 스스로 있어야 한다,
살아야 한다는 뜻,
의지,
자의식,

에고를 가지고 있지 않기 때문이야.

앞에서(3장) 깨달은 사람은 뜻(의지)보다는 뼈를 중요하게 여긴다고
한 말이 바로 그 뜻이야.
또한 깨달은 사람은 스스로 어떤 목적과 추구함,
에고에 의한 의도가 있지 않기 때문에 오히려 더 많은 것들을 얻게
되는 거야.

황금률에 '내가 준 것이 바로 내가 받을 것이다'라는 말이 바로 그
뜻이야.

이 말을 잘 한번 생각해 봐."

나를 잃어버려도 괜찮아

08

한 방울의 이슬이기도 하고
온 지구의 바다이기도 해

◆

'도'를 또 다른 식으로,
비유한다면 마치 물과 같은 거야.

만물을 이롭게 하며,
유유히 자연스럽게 존재하고,
높은 곳에서 낮은 곳으로 흐르며,
없어졌다가 다시 나타나고,

한 방울의 이슬이기도 하고 온 지구의 바다이기도 해.

09　　더 많이, 더 많이를 추구하는 것

◆

에고의 특성이 바로,
가지고, 또 더 가지려고 하는 거야.

'더 많이, 더 많이를 추구하는 것',
그것이 바로 에고적인 행위야.

무엇인가를 이루면서도 에고를 내세우지 않고,
'나'라는 것이 없다면,
그것이 바로 '하늘의 도'라는 거야.

　　　　　나를 잃어버려도 괜찮아

10   에고가 없다는 것

노인이 말했어.

◆

"에고가 없다는 것은,
내면을 잘 바라보고 가꾸어서,
몸과 마음을 분리하지 않는 거야.

마치 한 몸의 수레처럼 감싸 안고,
그것을 '나'라는 환상으로 다시 분리시키지 않는 거야.

또,
본래의 근원을 발견하여 아이와 같은 동심을 회복하는 거야.

마음의 때를 씻어내고,
덜어내면 사물의 진짜 모습을 볼 수 있게 돼.
그 상태에서 보는 것이 진정코 본다는 것이야.

'나'가 본래 없으니,
'너'라는 것도 없고,
모든 존재가 근원적으로 하나이니 사랑으로 넘치게 될 수밖에 없는
거야.
그것이 바로 '무위' 즉, '에고 없이 행한다'라는 말의 의미야.

하늘이 문을 열고 닫는 것처럼,
'나'를 열고,
마음을 열어,
발생하는 모든 일들과 상황을 받아들이는 마음 상태가 되는 거야.

그것은 이치와 논리를 우선 깨우치고,
결국엔 그것들이 사실은 '모름'임을 알아차리는 것을 말하는 거야.

알겠어?"

나를 잃어버려도 괜찮아

11 에고가 없어져도 괜찮아

◆

에고가 없어져도 괜찮아.

수레바퀴는 큰 원통에 바퀴살 30개로 이루어져 있는데,
바퀴는 그 공간으로 인해서 사용할 수 있게 돼.
그릇은 그 빈 공간이 있기 때문에 그릇으로 사용할 수 있게 되고,
방 역시도 텅빈 공간으로 방을 사용할 수 있게 돼.

그러니까,
'없음이 바로 있음의 쓰임'을 만들어 낸다는 거야.

에고가 없다고 해서,

네가 사는 현실의 삶이 결코 힘들어지는 것이 아니야.

오히려 풍족해지는 거야.

그러니,
괜찮아.
걱정하지 마.

12   에고로 산다는 건

◆

에고로 산다는 건,
마치 오색, 오음, 오미에 빠져서 허우적대는 것 같은 거야.

오색찬란히 화려한,
눈을 즐겁게 하는 것을 추구하고,

자연스럽지 않은 인공적이며,
관능적인 귀를 즐겁게 하는 것을 추구하며,

산해진미같이 입을 즐겁게 하는 것을 추구하는 거야.

또, 사냥처럼 유희를 위한 살생을 저지르고,
물질을 귀하게 여기며 자아와 동일시 하는 거야.

만약 에고 없이 살 수 있다면,
오감을 즐겁게 하는 환상에서 빠져나와,
실재의 현존을 얻게 될 거야.

나를 잃어버려도 괜찮아

13

사랑받고 비난받음,
그리고 걱정과 근심에 대해

나는 몸이 아니야 |

◆

사람들은 사랑받음과 비난받음,
이 두 가지에 모두 놀란 듯해.
'나에 대한 사랑', '나에 대한 비난' 이렇게 말이야.

또, 사람들은 걱정거리와 근심을 모두 자신으로 여겨.
'나의 걱정', '나의 근심' 이렇게 말이야.

사랑을 받는 것도, 비난을 받는 것도, 오로지 '나'라는 것이 있다고
믿기 때문에 의미가 있는 것인데, 이러한 타인의 평판에 일희일비한
다는 것이야.

'나'라고 불리울 수 있는 '에고'는 실제로 존재하는 것이 아닌 환상

에 불과한 것이야.

　몸이라는 것도 '나의 몸'이라는 에고적인 생각일 뿐 그 이상도 그 이하도 아닌 거야.

　에고가 없다면, 근심이 없을 거야.

나를 잃어버려도 괜찮아

14 밖에 있는 것이 아니야

◆

'도'를 비유해 본다면,

찾으려고 해도 찾아지지 않고,
들으려고 해도 들리지 않으며,
또 가지려고 해도 얻을 수가 없는 것 같아.

그 이유는 밖에 있는 것이 아니고, 안에 있기 때문이야.

안에 있는 것을 밖에서 찾으려 하니,
찾아지지 않는 것인데,

언어라는 도구로 이것을 굳이 표현해 보자면,

형상이 없는 형상이고, 아무것도 없는 모양이라고 할 수 있어.
느낌으로 표현한다면 아마도, 황홀(恍惚)이라고 해야 할 거야.
그것은 머리가 있는 것도 아니고, 꼬리가 있는 것도 아니야.

에고가 없는 자

◆

에고가 없는 자는,
미묘하고 심오한 것을 알아차려,
그 깊이를 알 수 없어.

그 모습을 비유하자면,
마치 겨울의 강가에서 얼음 위를 걷는 것 같고,
마치 사방을 두려워하는 것 같고,
마치 공손하고 조심하는 모습이고,
마치 얼음이 녹아내리는 것 같아.

마치 통나무처럼 도탑고,
마치 탁한 물처럼 흐릿해.

그런데, 그 마음의 요동침을 천천히 고요한 침묵으로 만들어 내고,
그 마음의 평안함이 오래도록 유지되며, 천천히 생명을 만들어 내.

또한 에고가 없는 자는,
채우려는 욕심이 없어서,
마음을 풍성하게 유지할 수 있고,
또 외부에 투영하는 망상이 없으니,
새로운 뭔가를 외부에서 찾으려 하지 않아.

나를 잃어버려도 괜찮아

16 텅 빔, 그리고 침묵 속에서

◆

텅 빔, 그리고 침묵.
그 속에서 만물이 만들어짐을 난 보았어.
만물이 생성되고, 근본으로 돌아감을.

침묵, 순리, 변함 없음, 밝음.

이러한 것을 모르는 무의식 속에 사는 사람들은 언제라도 '죄'를 짓
게 될 거야.

순수한 의식을 알아차리면,
그 변함 없음 속에 있게 되면,

사람은 넓고,
공정해지며,
하늘과 닮아가.

만일 그 몸이 죽는다고 해도, 영원히 사는 것과 같아.

나를 잃어버려도 괜찮아

17

만일, 깨달은 이가
세상에 돌아온다면

깨달은 사람은 2

◆

만일, 깨달은 이가 세상에 돌아와 일한다면,
아마도 사람들은 그가 있는지도 모를 거야.

의식적인 이가 세상에서 일하면,
아마도 사람들은 그를 어버이처럼 찬양할 거야.

에고에 꽉 찬 이가 세상에서 일하면,
아마도 사람들은 그를 두렵게 여길 거야.

무의식 속에 살고 있는 이가 세상에서 일하면,
아마도 사람들은 그를 우스꽝스럽다 여길 거야.

사람들은 믿었었기 때문에 더욱 불신해.

그러니,
사람들은 오히려 모든 일들이 잘되어 가는 것을 자신의 공이라고 여기게 되는 거야.

나를 잃어버려도 괜찮아

18　　　지금 우리가 찾아야 할 것

◆

본래의 '나' 그것을 회복할 수 없다면,
에고로서의 삶을 살 수밖에 없어.
그것은 차선책이 될 수밖에 없지만… 말이야.

19

세상 사람들이
지혜롭다 여기는 것들

◆

세상에서 말하는 신성한 것, 지혜롭다는 것.
그런 개념들과,

어질다는 것, 의롭다는 것.
그런 개념들,

또, 물질에 대한 가치, 또 '나의 이익'이라는 허상.
그런 것들에 사로잡히지 말게.

그러한 것들은 그저 마음이 만들어 낸 환상일 뿐,
실재하는 것들이 아니야.

실재를 보고, 순수한 있음을 통해,
미래에도 과거에도 집착하지 않는 현존을,
'나 없음'을 깨닫는다면,

평온하고 고요한 실존을 일별할 수 있을 거야.

20 삶은 논리가 아니야

◆

'삶'은 논리로 이루어지지 않았는데,
사람들은 논리로 '삶'을 이해하고,
안다고 생각해.

'예'라는 대답과 '응'이라는 대답이,
예의에 어긋나고 또 어긋나지 않음으로 규정되는 것처럼,
선과 악도 사람들이 만들어 낸 개념일 뿐이야.

사람들이 중요하다고 여기는 것들,
사람들이 두려워하는 것들,

그저 '개념', '생각의 형상'일 뿐인,

나를 잃어버려도 괜찮아

그 공허한 '허상'들은 사라지지 않는구나!

사람들은 일희일비하는 것들 속에,
나 홀로 고요히 침묵 속에 있을 뿐이다.

사람들은 에고 속에 있고,
나 홀로 에고를 잃어버렸으니,

그저 바라본다.
수많은 사람의 수많은 세상을.

'언젠가 수많은 사람이 하나의 세상'과 만나기를 바라면서….

21

내 안에 있는 '나'에 대해

노인이 말했어.

"

◆

내 안에 있는 '나'

흐릿하고 뿌옇고,
형상없는 형상을 하고 있는데,
분명 있고,
분명코 있구나!

그것이,

나를 잃어버려도 괜찮아

세상에 대한,

모든 것에 대한,

신뢰할 수밖에 없는 신뢰를 주는구나!

예로부터 지금까지,

밖이 아닌, 안을 살핀 자는,

그 '모든 것의 시작'과 마주하게 되니,

내가 어찌 '모든 것의 시작의 형상 없는 형상'을 알겠는가?

이러한 까닭이야.

알겠어?"

노인이 말했어.

"도덕경 21장에서 노자는 처음 '덕(德)'이라는 글자를 쓰는데, 앞서서 덕에 대해 이야기했지만 다시 한번 정리해 줄게. '덕'은 '도'라는 '길'을 가기 위한 실천 방안이라는 것은 앞에서 말했어. 그렇다면, 덕, 그 실천 방법의 요체에 대한 궁금증이 생길 거야. 그렇지?

'덕'은 쉽게 말하면, '순수한 의도 혹은 선한 의도'라고 볼 수 있어. 의식의 차원에서 이것에 대해 살펴보면, 고요한 의식은 아무런 생각, 느낌, 감정 등이 없어. 그러다가 문득 어떠한 의도가 생겨나. 그것은 긍정, 부정, 중립의 세 가지로 구분할 수 있을 것인데, 보통의 우리들은 그것을 컨트롤 할 수가 없어. 컨트롤 할 수 없다는 의미는 우리 마음대로 마음에서 일어나는 긍정적인 생각, 부정적인 생각, 중립적인 생각을 조정할 수 없다는 말이야. 그렇지? 못 믿겠으면 부정적인 생각이 일어날 때 그것을 긍정으로 바꾸려고 한 번 해봐. 그렇게 쉽게 잘되지 않을 거야. 그래서 '옛말에 세상을 이기는 것보다 자기자신을 이기는 것이 더 어렵다'라는 말이 있는 거야.

그렇게 마음은 마음대로 되지 않는 것인데, 그렇기 때문에 '덕'이라는 실천 혹은 수행이 필요한 것이야. 그렇게 거듭거듭 실천을 쌓아가야 한다는 말이야. 다시 한번 말하면, '덕'이라는 '순수한 의도 혹은 선한 의도'를 거듭 거듭 실천하여 쌓아가라는 거야.

자 그렇다면, 노자가 이야기하는 '현덕(玄德)'이라는 것은 무엇일까? 그리고 '현동(玄同)'이라는 말은 또 무엇일까?

'현(玄)'은 검다는 의미도 있지만, 고요하다는 의미가 있어. 쉽게 말하면 내면의 고요함을 표현하는 글자인 거야. '현덕'은 '내면의 고요함을 지키며 지속적으로 순수한 의도를 쌓아가는 것'을 말하고 있는 거야. 그렇게 '현덕'을 실천하다 보면, '현동'이 되는데, '현동'은 '에고가 사라지고 혹은 나라는 것이 사라지며, 그 내면의 순수한 고요함, 그 자체가 되는 것'을 표현한 말이야. 이것을 불교적인 관점으로 본다면, '삼매, 사마디, 마음의 정지'라고도 할 수 있을 거야. 그것이 바로 '나'의 '본래 상태', 즉 '자연스러운 상태'를 말해.

도덕경의 중반부에 이러한 내용이 다시 설명되니, 그때 다시 천천히 이해해도 돼. 너무 급하게 이해하려고 할 필요는 없어. 천천히 여유롭게 이 이야기를 잘 들어봐.

그럼 우선은 다시 '에고가 없다'면 어떻게 살게 되는 것인지 이야기해 줄게."

22
비우면, 채워지는 거야

◆

에고가 없으면,
진실로 삶을 살게 된다는 이야기야.

에고가 있으면,
굽는 것 같고, 휜 것 같고, 웅덩이 파인 것 같고, 낡은 것 같고, 적은 것 같고….
뭔가 불만족한 상태에 있는 듯해.

그런데, 에고 없이 살면,
온전해지고, 곧아지고, 채워지고, 새로워지는 것 같아.

'나'라는 것이 없으니,

내세울 것도, 옳다 여길 것도, 자랑할 것도, 다툴 것도 없어.

옛말에, '굽으면 곧 온전해진다'는 말이 어찌 헛말이겠어?

진실로 '나'라는 허상을 깨우치면,
본래의 '나'를 찾을 수 있다는 말이야.

23   침묵에 대해

◆

침묵,
그리고 침묵.

침묵이 자연스러운 거야.
그렇게 존재하는 것이 자연스럽다는 말이야.

하늘과 땅에서,
회오리바람이 불어도 아침나절을 넘기지 않고,
소나기가 내리더라도 종일 내리지 않는 것처럼.

침묵으로 행하고, 침묵 속에 있는 것.
그것이 내가 이야기하는 '도'라는 거야.

                          나를 잃어버려도 괜찮아

24 삶의 계획을 세우지 말라

◆

까치발로 오랫동안 서 있으려 하고,
다리를 너무 벌려 껑충껑충 멀리 가려고 하고,

그런 군더더기가 바로,
현재에 있지 못하고,
항상 미래를 향해 급히 달려가는 '마음의 장난'이야.

그러니,
인생의 계획 따위는 세우지 마.
그리고,
무엇이든 빼앗아 소유하려고 하지 마.

그런 행위들이 바로 삶의 군더더기라는 거야.
그런 행위들을 온 존재계가 싫어하니까.

그래서,
'도'를 체득한 사람에겐 군더더기가 없는 거야.

25 '도', 나도 잘 모르는데… 암튼…

노인이 말했어.

"벌써 25장에 대해 이야기하게 되었군. 도덕경에서 아주 중요한 내용이니, 이 이야기를 잘 들어봐.

◆

'도'라는 말에 대해 고백할게.

사실 나도 진심 잘 몰라.

앞에서도 몇 차례에 걸쳐서 이야기했듯, 그냥 내가 '도'라고 이름을 붙인 거야.

이 '도'라는 글자에 얽매이면 안 돼.

그래도 억지로 내가 내공을 발휘해서 다시 한번 '도'에 대해 이야기

를 한다면,

'도'는 하늘과 땅이 생겨나기도 전에 이미 존재했고,
고요하고,
적막하고,
두루두루 사방에 퍼져있고,
마치 천하 만물의 어머니 같은 거야.

'도'를 형용사로 형용해 본다면,
일단,
굉장히 커.

말로 설명할 수 없이 광대한 느낌이고,
그러면서도 뭔가 흐르는 느낌이며,
광대한 공간에 멀리까지도 미치며,
그러면서 다시 돌아오는 거야.
'순환한다', 이런 느낌이라고 생각하면 돼.

'도'라는 녀석은,
사람을 이루고,
땅을 이루고,
하늘을 이루고,
모든 것을 이루는데.

나를 잃어버려도 괜찮아

그것을 한 마디로 표현하면,
'스스로 그러하다(自然)'라고 할 수 있어.

뭔 말인지 알겠어?"

26 　　　고요함과 무거움 속에 있다는 것

노인이 말했어.

"

◆

깨달은 이는,
생각이 일어나지 않아!

생각이 일어나는 그 찰나를 알아차려,
이미 생각은 사라지고 없어.

그래서,
하루종일 어떤 일을 하고,
어떤 상황에 처해 있을지라도,

　　　　　　　　　나를 잃어버려도 괜찮아

평온함 속에 있는 거야.

무거움이 가벼움을 낳고,
고요함이 씨끄러움을 낳는 것처럼,

우리들은 머리 속의 생각,
끊임없는 재잘거림,
멈출 수 없는 가벼움에 빠져서 살고 있어.

무겁게,
그리고 고요하게,
침묵 속으로… 그것이 바로 '근본'으로 돌아간다는 거야.

알겠어?"

미묘한 에고에 대해

◆

'나'라는 것이 없기에,
행함에 흔적이라는 것이 없고,

'나'라는 것이 없기에,
말로 허물을 만들지 않으며,

'나'라는 것이 없기에,
머리로 만들어 내는 꾀를 쓸 필요가 없어.

마치,
잘 잠긴 문에 다른 자물쇠를 채울 필요가 없는 것처럼,

마치,
잘 지은 매듭에 다시 매듭을 보탤 필요가 없는 것처럼.

깨달은 이는 깨닫지 못한 이를 한 명도 빠짐없이 이끌어야 해.
깨달은 이는 온 세상 만물을 하나도 빠짐없이 이끌어야 해.

이런 것을 굳이 말로 표현하면, '밝음을 입는다'라고 표현하고 싶어.

그러니,
깨달은 이는 깨닫지 못한 사람의 스승이 되어야 하고,
깨닫지 못한 이는, 깨달은 이에게 기대면 돼.

만약 '나'가 사라진 이가, 스승이 되려 하지 않고, 그 기댐에 사랑으로 대하지 않는다면,
비록, 스스로 깨달았다고 착각할지언정 사실은 '미묘한 에고' 속에 있는 거야.

이걸 명심해."

28 　내 안의 남성과 여성

◆

모든 사람의 안에는 '남성'도 있고, '여성'도 있어,
그 남성과 여성이 함께 시냇물처럼 흐르고 있는 거야.

본래의 '나' 속의 여성성과 남성성이 만나서,
함께 흐르게 되는 것,
그것이 바로 '동심'으로 돌아간다는 말이야.

내면에는 밝은 면과, 어두운 면이 공존하고 있어.
　그 밝은 면과, 어두운 면 두 가지 모두를 법칙처럼 그저 받아들이
면 돼.
　두 가지가 함께 공존하며 분별하지 않으니, 에고는 극단으로 치우치
지 않아.

그걸, 무극(극이 없음)을 회복한다고 하는 거야.

삶에는 영욕(영화와 욕됨)이 함께 공존해,
하나는 추구하고, 하나는 싫어하며 분별하는 '에고의 게임'을 알아
차려,
계곡처럼 모든 것을 품을 수 있으면,
본래의 '삶' 자체를 일별하게 돼.

만일,
'삶'을 쪼개서,
'삶의 목적'이란 허상을 만들려고 한다면,

아무리 현명한 사람일지라도,
마을의 우두머리, 한 나라의 벼슬아치 따위가 되어버릴 거야.

그래서, '에고의 게임'을 위해서,
'삶'을 쪼개지 말라는 말이야.

천하를 얻는다는 말 장난

◆

'천하를 가진다?'

그것을 위해 뭔가를 하려고 한다면,
내가 확실히 말해줄게.

'얻지 못할 거야'

'천하를 갖는다', 그건 언어가 만든 허상,
그저 '개념'일 뿐 실상이 아니야.

'개념'일 뿐인 것은 얻을 수 있는 게 아니야.
생각으로만 존재할 뿐, 실제로 존재하지 않으니까.

나를 잃어버려도 괜찮아

그래서 실패하고, 잃을 수밖에 없어.

만물은,
움직이고, 흐르고, 굳세고, 약하고, 위로 솟고, 아래로 떨어지고…
그렇게 생생히 살아있어.

그래서 성인은 '살아있는 것(실상)'을 취하지,
'살아있지 않은 개념(허상)'은 버린다는 거야.

30　타인을 굴복시키려고 하는 것

◆

'나'라는 것이 없이, 사람들을 돕다 보니,
왕이니, 주인이니 역할을 하게 된 경우,
결코, 힘으로 사람들을 지배하려 해서 된 것이 아니야.

왜냐하면,
내가 힘으로 타인을 굴복시키려 하면,
타인도 힘으로 나를 굴복시키려 할 거니까.

전쟁처럼 힘으로 억지로 지배하려 하는 행위 뒤에는,
가시덤불만 자라나고, 또 반드시 흉년이 뒤따라와.

그러니,

좋은 결과를 이루어도,
자랑하지 않고,
떠벌리지 않고,
교만하지 않고,
어쩔 수 없이 했다고 하고,
힘이 있는 사람이 되려 하지 않는 거야.

모든 생명이 장성하면 곧 늙는 것처럼,

'나'라는 것을 내세우고,
지배하고,
소유하려는 욕망,
그런 것들은 '도'가 아니야.

31 에고가 하는 허망한 일

◆

에고가 만드는 허망한 일 중에,
가장 심한 것이라 볼 수 있는 것으로,
전쟁이라는 것이 있어.

에고로 만들어 낸,
예절 속에서,
그것이 얼마나 허망한지 무의식적으로 알고 있어.

현명한 사람은 왼쪽을 귀하게 여기고,
병사는 오른쪽을 귀하게 여기는데,

병사라는 것은 부득이하게 써야 할 때에도 담담하게 쓸 뿐이야.

나를 잃어버려도 괜찮아

또, 전쟁에서 이겨도 아름다운 일이 아니야.
전쟁을 즐기고 아름답다고 하는 것은,
사람을 죽이는 것을 즐기는 것과 같은 것이기 때문이야.

에고가 만든 예절과 풍습에,
좋은 일에는 왼쪽의 자리를 중요하게 생각하고,
나쁜 일에는 오른쪽의 자리를 중요하게 여겨.

그런데,
전쟁에서 가장 높은 지위의 장수는 오른쪽에 자리 잡고,
낮은 장수는 왼쪽에 자리 잡아.

즉,
전쟁에서 승리를 했다는 것은,
그저 죽음의 예식을 치러야 하는 것일 뿐이라는 거야.

'도'는 개념이 아니야

노인이 말했어.

"

◆

'도',
내가 억지로 붙인 이름이지만,
제발 글자에 얽매이지 말아줘.

'도',
말로, 언어로, 문자로 표현할 방법이 없어.
그저 비유로 표현할 수 있을 뿐이야.

소박하고,

오히려 작은데,
천하가 신하처럼 부릴 수 없고,

만약,
제후나 왕이 이것을 지키면,
온 세상 만물이 스스로 따를 거야.

하늘과 땅이 합쳐지는 것처럼,
내 안의 여성성과 남성성이 합쳐지면,
달콤한 이슬이 내리듯,
냇물이, 계곡의 물이 강과 바다로 흘러가는 것처럼,
세상 모든 사람들이 골고루 얻게 될 거야.

무명(無名), 세상의 시작
유명(有名), 만물의 어머니
내가 이렇게 그저 비유한 것인데,

언어에 얽매이지 말고,
'생각'과 '언어'와 '나'라는 동일시를 한 번 멈춰봐.
그렇게 할 수 있으면,
'나 없음', '도', '무위',
내가 무슨 말을 하고 있는지 경험해 볼 수 있을 거야.

알겠어?"

에고로 판단하면

◆

에고는,
타인을 알 수 있다고 생각해.
자기도 알지 못하면서 말이야.

에고는,
타인을 이길 수 있다고 생각해.
자기도 이길 수 없으면서 말이야.

에고는,
만족을 아는 사람은 부유하고,
힘써 실천하는 사람은 의지가 있다고 생각해.

그런데,
에고 너머의 '그곳'을 잃어버리지 않고,
육체와 상관 없이 영원한 것을 잊지 않는 것.

그것에 대해서는 몰라.

34   사랑에 대해

노인이 말했어.

"이번 장에서 노자는 다름 아닌 '사랑'에 대해 이야기하고 있어. 한 번 잘 들어봐. 얼마나 아름다운 이야기인지 몰라.

◆

사랑은 넘치고 넘쳐서,
왼쪽에도 오른쪽에도,
온 세상을 덮고 있어.

모든 만물이 사랑에 의지하여 태어나.
그렇지만 아무 말도, 아무런 바람도 가지지 않아.

사랑은 모든 만물을 입히고 길러내.

                         나를 잃어버려도 괜찮아

그렇지만 어떠한 것도 강요하지 않아.
언제나 어떻게 하려는 의도가 없으니,
언어로 굳이 표현하면,
'작다'라고 할 수 있어.

모든 만물이 사랑 속에 있고자 돌아오는데,
주인 노릇을 하지 않으니,
언어로 굳이 표현하면,
'크다'라고 할 수 있어.

사랑은 스스로 '크다'라고 하지 않기 때문에 그 큼을 이룰 수가 있어.

사람들은 '내 안에 사랑이 있다'라고 하지만, 그 말은 잘못된 말이야.
우리는 그저 사랑 속에 있을 수 있지, 사랑을 '나'에게 가둬 둘 수는
없어.
사랑 속에 있을 때 그것을 경험하고, 사랑이 지나가면 그것으로도
충분해.

알겠어?"

35 사람들은 몰라

◆

큰 형상을 맡아 다스리니,
천하가 전진하듯,

아무런 거리낌 없이,
바르고, 너그럽고, 즐겁게.

사람들은 그런 '삶'이 있는 줄 몰라.

그저 사람들은,
노래와 음식 같은 것에 빠져서,
그것에 멈춰버릴 뿐,
더 나아가지 않아.

나를 잃어버려도 괜찮아

'도'란 녀석은
맛도 없고,
보이지도 않고,
들리지도 않고,
써도 다함이 없으니,

사람들이 관심 갖지 않아.

36 숨은 밝음 혹은 지략에 대해

◆

나중에 그것을 거두기 위해,
거듭하여 그것을 베푸는 척하고,

나중에 그것을 약하게 하기 위해,
거듭하여 그것을 강하게 해주고,

나중에 그것을 쇠퇴시키려고,
거듭하여 그것을 창성하게 해주며,

나중에 그것을 빼앗기 위해,
거듭하여 그것을 주는 척하는 것.

나를 잃어버려도 괜찮아

이러한 것을 '숨은 밝음 혹은 지략'이라고 할 수 있을 거야.

분명코,
부드럽고 약한 것이 굳세고 강한 것을 이기게 되는 것이니까 말이야.

물고기가 못을 벗어나면 생명을 잃는 것처럼,
사람들에게 욕심을 일으키고,
이익이 되는 뭔가를 보여주는 것은 그 사람의 생명을 빼앗기 위한
것과 같은 거야.

37

의도와 목적이 없이
행한다는 것에 대해 1

◆

도,
항상 의도적으로 무엇을 하지 않지만,
하지 못하는 것이 없어.

이것을 만약 제후나 왕의 역할을 하는 사람이 지켜낼 수 있다면,
만물은 스스로 다스려질 거야.

누군가를 따르게 하게 위해 의도적으로 어떻게 하려고 하지마.
그저 욕망이 일어나지 않는 순수함으로 할 수 있을 뿐이야.

'이름 없는 바탕',
이 말의 뜻은, 하고자 하는 욕구,

나를 잃어버려도 괜찮아

욕망이 일어나지 않는 본연의 순수함을 말하는 거야.

의도와 목적을 가지고 뭔가를 하려고 하지 않고,
그저 고요하면, '나'와 '나 이외의 모든 것'들은 스스로 안정될 거야.

38

의도와 목적이 없이
행한다는 것에 대해 2

◆

높은 덕은 스스로 덕이라 여기지 않으니,
덕이 있을 수 있어.

낮은 덕은 스스로 덕임을 내세우니,
덕이 없는 것과 같아.

높은 덕은 무엇을 하려는 '목적과 의도'가 없고,
또한 '에고' 없이 행하는 것인데,
 그것에 비해 낮은 덕이라는 것은 '무엇을 하려는 목적과 의도'를 가지고 행하는 거야.

높은 인은 무엇을 하려는 목적과 의도가 없이 행하고,

나를 잃어버려도 괜찮아

높은 의는 무엇을 하려는 목적과 의도를 가지고 행하는 거야.

높은 예절은 어떤 일을 함에,
의도와 목적을 가지고 있으며, 만약 상대방이 자신의 '의도와 목적'
대로 하지 않으면,
억지로 그렇게 하도록 만들어 버려.

그러므로
도를 잃으니,
덕으로,
덕을 잃으니,
인으로,
인을 잃으니,
의로,
의를 잃으니,
예절로…. 할 수밖에 없는 거야.

예절이라는 것은,
공변됨(어느 한쪽으로 치우쳐 사사롭지 않고 공평함)과,
신뢰가 사라지고 어지러워지면 쓰이는 것이야.

깨달은 이는,
'도'를 화려한 어떤 것 혹은 행위로 여기는 것이,
바로 어리석은 마음의 시작임을 알고 있어.

그래서,
대장부는 '두터움과 열매를 중요히 여길 뿐,
얄팍함과 화려함은 멀리한다'고 하는 거야.

나를 잃어버려도 괜찮아

39   자유롭게 산다는 것에 대해

노인이 말했어.
"자네 '무' 먹어봤지?"

내가 말했어.
"먹는 무우 말씀하시는 거죠? 당연히 먹어봤죠."

노인이 말했어.
"어머니가 큰 무 하나를 시장에서 사 왔어. 그리고 무를 잘라서 여러 조각의 무로 만들었어. 여러 조각의 무는 사각형 형태로 잘라져서 양념에 버무려져서 맛있는 깍두기가 되었다네.

큰 무를 잘라 작은 조각의 깍두기로 만들어도, 무라는 것은 변함없는 사실이야.

즉, 하나의 무는 잘라져서 깍두기가 되어도 '무'라는 본질은 변하지 않아. 본질의 변화가 없는 그 하나, 그것에 대한 이야기야.

잘 들어봐.

◆

옛날에 하나를 얻는다는 것,
하늘은 하나를 얻어 맑아지고,
땅은 하나를 얻어 평안해지며,
계곡은 하나를 얻어 채워지고,
만물은 하나를 얻어 태어나며,
제후와 왕 노릇하는 사람들은 그 하나를 얻어 천하를 바르게 다스리게 되어,
결국에는 그 하나에 이르는 거야.

귀함은 천함을 근본으로 하고,
높음은 낮음을 기초로 삼으니,
제후나 왕 노릇하는 사람들은 스스로를,
고(고아), 과인(의지할 사람이 적은 사람), 불곡(자식이 없는 사람)이라고 칭해.
이것이 바로 천함을 근본으로 한다는 의미야.

그래서,
최고의 명예는 바로 '명예 없음'이야.

나를 잃어버려도 괜찮아

그러니,

옥처럼 귀하게 되려고 하지 말고,

강가의 자갈처럼 그저 굴러다니며,

사회와 세상이 만들어낸 어떤 가치와 개념 등에 얽매이지 말고 '자유'롭게 살라는 말이야.

알겠어?"

40 있음과 없음, 없음과 있음에 대해

◆

우리는 있다가 사라질 거야.
그리고 없다가 나타날 거야.

그렇게 무수한 순환,
그렇게 무한한 부드러움,
그 생명.

그것이 굳이 언어로 표현한다면,
한 글자로 '도'라고 할 수 있을 거야.

나를 잃어버려도 괜찮아

41
의식의 수준에 대해

노인이 말했어.

"자네 생각에는 현재 인류의 의식수준이 어느 정도 된다고 생각해?"

내가 말했어.

"네?, 제가 알고 있기로는 현대사회의 인류는 역사상 최고로 발전된 시대를 살고 있잖아요.

그렇다면, 모두들 굉장히 높은 의식을 가지고 있는 것이 아닐까요?"

노인이 말했어.

"그렇기도 하고, 그렇지 않기도 할 거야.

의식에 관하여 '데이비드 호킨스' 박사는 현재 인류의 의식을 수치로 표현했어.

1-1000까지의 의식 수준에 대해 설명하였는데, 재미있는 부분은 현

재 인류의 의식은 204의 수준이고 인류의 78%는 200의 수준 이하에 있다라는 거야."

내가 말했어.
"아~!, 그런데 그거랑 지금 이야기해 주시는 노자 이야기랑 무슨 상관이 있나요?"

노인이 말했어.
"상관은 없는데, 상관이 있기도 해.

◆

의식의 단계가 높은 사람이 '도'에 대해 듣게 되면,
근면하게 그것을 실천해.

그런데,
의식의 단계가 낮은 사람이 '도'에 대한 이야기를 들으면 긴가민가 의심하고,
혹은 헛소리라며 비웃기까지 하는 거야.

그래서,
의식의 수준에 의해,
비웃음을 사지 못하면 '도'가 될 수 없는 것일지도 몰라.

나를 잃어버려도 괜찮아

'도'는 위치성과 이원성, 분별을 초월해 있어.

그래서 에고로 '도'에 대해 지적으로 이해하려고 하면 항상 알 수 없는 것인데,

쉽게 말하면,
'도'라는 것은 '논리'에서 벗어난 것이란 거야.

경험으로 알 수 있을 뿐,
머리로 이해할 수는 없는 거야."

노인이 말했어.
"노파심에서 이야기하자면, 노자가 이야기하는 의식의 높고 낮음은,
의식이 높으면 우월하고,
의식이 낮으면 열등하다라는 이야기는 아니야. 그런 분별과 위치성이 바로 에고의 작용이라는 거야.

그러니까, 노자의 이야기를 머리로 듣지 말고 가슴을 활짝 열고, 분별하거나 판단하려 하지 말고, 그렇게 잘 들어봐.

알겠어?"

42

이익과 손해에 대해

노인이 말했어.
"자네, 사극 좋아하나?"

내가 말했어.
"네, 어릴 적에는 그냥 그랬는데, 지금은 좋아합니다."

노인이 말했어.
"사극을 보면 왕들이 자기 자신을 지칭할 때 '과인'이라고 하거든,
 그게 뭔 뜻이냐면 '의지할 곳이 없는 사람' 혹은 '덕이 없는 사람'이
라는 뜻이야.

 과거의 왕은 최고의 위치에 있는 권력자인데, 왜 '과인'이라고 부정
적인 호칭으로 스스로를 불렀을까?

나를 잃어버려도 괜찮아

즉, 왕 노릇하는 사람과 제후 노릇하는 사람이 많은 사람들이 자신을 따르게 하려는 더 큰 이익을 위해서 스스로를 낮추는 손해를 감수한다는 의미야. 그래서 만물에는 손해인 것 같으나 이익인 것이 있고 이익인 듯하나 손해인 것이 있다는 것인데, 그중에서 제일 손해인 것 같으나, 이익인 것이 바로 '에고의 죽음'이야.

◆

도,
그리고 하나, 둘, 셋
세상의 모든 것들,

그것은 동시성으로,
나타나지 않은 곳에서 나타난 곳으로…

모든 만물은,
음을 업고,
양을 껴안은 듯,
형상없는 형상에서 만물이 생겨나니…

왕이나 제후들이 스스로를 호칭할 때,
모든 사람들이 싫어하는,
고(외로움),
과(의지처 없음),

불곡(자식 없음)과 같은 언어로 스스로를 호칭하는 이유는,

그렇게 하는 것이,
손해인 듯하지만 이익이기 때문이야.

사람들이 본받고 가르치는 것을,
나 역시도 본받고 가르치는데,

'너무 억센 사람은 제명에 죽지 못한다'라는 뭇 사람들의 말이고,
'너무 억센 사람은 에고를 죽이지 못한다'라는 것이 바로 내가 하고
싶은 말이야.

에고의 죽음은 손해인 듯하지만 이익이기 때문에,
내가 장차 가르침의 근본으로 삼으려고 해."

나를 잃어버려도 괜찮아

43 침묵의 가르침에 대해

◆

세상에서 가장 부드럽고 연약한 것이,
오히려 세상의 가장 단단하고 강한 것을 움직이게 해.

나타나지 않음과 나타남이,
차별과 구별(이원성)이 없는 곳으로 들어가.

이러한 까닭에 나는 '에고 없이 행함'의 유익함을 알아.

언어를 사용하지 않는 '침묵의 가르침', 에고없이 행함 그것의 이익,
세상엔 그것을 경험한 이가 드물어.

44 　　　　　무엇이 더 중요한가?

◆

나 자신에게 있어서,
이름과 몸 과연 무엇이 더 가까울까?

우리들의 삶에 있어서,
몸과 재물 과연 무엇이 더 중요할까?

실상에서,
얻음과 잃음 과연 무엇이 더 손해일까?

지나친 물욕은 반드시 큰 낭비를 하게 하고,
많이 모으면 반드시 크게 잃게 되는 거야.

　　　　　　　　나를 잃어버려도 괜찮아

만족을 알면 욕되지 않고,
그침을 알면 위태롭지 않으니,
오래도록 유지할 수 있을 거야.

45 내면의 맑음과 고요함으로

노인이 말했어.

"아파트 쓰레기장에서 쓰레기를 뒤지는 고양이 암컷이 새끼를 낳았네. 어느날 아기 고양이들, 흰색, 검정색, 줄무늬의 세 마리가 쓰레기통을 뒤지고 있더군. 그 중 검정색 아기고양이의 눈에 눈병이 있는 것 같았어. 마음 속으로 '저 고양이는 일찍 죽겠다' 싶었다네. 그리고 한참 후에 아파트 쓰레기장에서 검정색 고양이를 만났어. 늠름하게 자라나 성묘가 되어있더군.

우리는 항상 마음으로 경험을 한다네. 마음에서 경험할 뿐, 실상을 실제로 경험하지는 못해. 그래서 다리 다친 고양이, 눈 병난 고양이 등을 보면 마음은 스스로 실상과 다른 꼬리표와 판단을 내리게 돼. 현실이 있고, 사건이 있어. 그리고 그것을 바라보는 마음의 태도가 있다는 이야기야.

나를 잃어버려도 괜찮아

그 마음의 태도가 지옥을 만들기도 하고, 천국을 만들기도 해. 그 찰나의 선택하고자 하는 욕구, 그것이 바로 마음이 가지고 있는 마음의 이원성이란 특징이야.

마음의 이원성을 간단하게 말해주면, 나와 너, 좋고 나쁨, 이것과 저것 등 분별하고 분리하며, 판단을 내리고자 하는 속성이라 생각하면 돼. 그런데, 실상은 실상 그 자체로 완전해. 마음이 실상을 불완전하게 인식할 뿐인 거야.

그래서,

◆

잘 만들어진 것들,
그것들 안에서 우리의 마음은 결함을 발견해내.
그러나 실제로 사용함에 해짐(망가짐)은 없어.

크게 채워진 것들,
그것들 안에서 우리의 마음은 텅 빈 곳을 발견해.
그러나 실제로 사용함에 다함은 없어.

마음의 이원성은,
진실로 곧은 것을 휜 것처럼 보며,
진실로 뛰어난 지혜를 어리석다 여기고,

진실로 훌륭한 변론을 어눌하다 여길 거야.

그렇지만 마음의 이원성을 벗어난 실상은,
추위를 분주함으로,
더위를 고요함으로 이겨낼 수 있는 것처럼,
'내면의 맑음과 고요함'으로 온 세상을 바르게 할 수 있다는 거야.

알겠어?"

나를 잃어버려도 괜찮아

만족을 아는 만족

나와 대상의 구분이 없다면,
가져야 할 것도,
가지지 못한 것도 없어.

에고는,
만족을 모르는 재앙,
얻고자 하는 허물을 만들어 내.

만족을 아는 만족은,
'나와 내가 원하는 것의 사이에 마음의 거리'가 사라진,

바로 그곳에 있어.

47
우리가 실제로
살고 있는 곳은 내면이야

노인이 말했어.
"자네가 믿든 믿지 않든, 우리가 실제로 살고 있는 곳은 내면이야.

그래서,

◆

집을 나서지 않아도,
창 밖을 엿보려 하지 않아도,
세상을 두루두루 다니며 지식을 쌓으려 노력하지 않아도,

괜찮아.

밖에서 무엇을 구할 필요도,

　　　　　　　　나를 잃어버려도 괜찮아

눈으로 보려고 애쓰지도,
목적을 세워 이루려고도 하지 마.

내면에서,
우리는 우리가 찾는 모든 것을 발견할 거야.

알겠어?"

48 덜어내고 또 덜어내면

◆

우리는 매일 마음을 프로그래밍 하고 있어.
학문은 마음의 신념체계를 쌓는 행위고,
'도'라는 것은 마음의 신념체계를 덜어내는 행위야.

덜어내고 또 덜어내면,
'에고 없음'을 경험하게 돼.

나와 너의 분별이 사라지니,
세상과 나의 분별도 사라지고,

그것에서 전체성을,
'분리되지 않은 나'에 대한 앎에 도달할 수 있을 거야.

나를 잃어버려도 괜찮아

49

깨달은 이가 존재하면

◆

깨달은 이는 에고의 사슬에서 벗어나,
높은 의식의 수준으로 세상에 존재해.

에고 없는 마음은,
그저 거울처럼,
타인(수많은 사람)의 마음을 비출 뿐이야.

선과 악을 나누지 않고,
믿음과 불신을 나누지 않아.

실상에는 긍정과 부정이 존재하지 않으며,
부정성은 그저 긍정성의 부재일 뿐임을 알고 있어.

깨달은 이는 세상 속에서 존재하며,
존재하는 것으로,
세상의 마음들을 순수하게,
그 의식들을 정화해.

깨달은 이의,
의식의 장에 의해,
사람들은 부정성을 상쇄하며,
그들 본연의 순수성을 회복할 수 있게 할 거야.

나를 잃어버려도 괜찮아

50 죽을 곳이 없다

◆

에고가 사라지면,
사지(死地)가 없어.

생으로 나오고, 죽음으로 들어감.

생명은 오로지 생명으로부터만
생겨난다는 진실을 안다면,

그로 인해 생에 집착하지도,
죽음을 두려워하지도 않게 될 거야.

에고가 사라지면,
죽을 곳도 사라지는 거야.

51   고요한 의도에 대해 1

노인이 말했어.

"무한한 의식의 장, 그곳에서 생명이 나타나고, 생명은 본유의 잠재성을 드러낼 순수한 의도를 차곡차곡 길러내는 거야.

그 순수한 의도는, 의식 속에서 생각, 변별, 지각으로 형태를 만들어내. 그러한 의식 속의 생각들은 적정한 시기 혹은 기회가 되면 세상 속에서 구현되는 거야.

'생각은 사물이다. 생각에는 형태와 에너지가 있다'라는 말에 대해 명상해봐. 그럼 앞에서 이야기한 것의 의미가 분명해질 거야.

다시 한번 반복해서 다른 방식으로 이야기해 볼게.

         나를 잃어버려도 괜찮아

무한한 의식의 장은 모든 곳과 모든 것에 펼쳐져 있고, 무한한 의식의 장은 시간과 공간의 제약을 받지 않고 영원한 완전함 속에 있어.

우리가 소리를 들을 수 있는 것은 '소리 없음'이 배경이 되기 때문이고, 우리가 맛볼 수 있는 것은 '맛없음'이 배경이 되기 때문인 것처럼, '형태가 있는 것'은 '형태가 없는 것'에서 창조되는 거야.

무한한 의식의 장에서, 나타나지 않은 것에서, 형상 없는 것에서 생명이 나타나고, 생명은 그 순수한 잠재성을 드러낼 의도를 일으키는 거야.

그 의도에서 의식이 생겨나고, 의식은 지각, 생각, 기억 등의 형태를 만들어내. 그 아직 세상에 나타나지 않은 의식차원의 형태들은 적절한 시기와 기회가 되면 세상에 구현되어 만들어지는 거야.

노자는 이 복잡한 말을 단 12글자로 표현했어.
道生之, 德畜之, 物形之, 勢成之。

다시 말해보면,

◆

도(무한한 의식의 장)에서 생명이 나타나고,
덕(순수한 생명의 잠재성을 드러낼 의도)이 그것들에 쌓여서,

물(의식 속의 생각, 지각, 변별)이 그것들을 형상 짓고,
세(시기, 기회)가 그것들을 구현해.

이런 까닭에,
세상 만물 어디에나 도가 있고,
세상 만물 모두가 덕을 귀하게 여겨.

도를 소중히 여기고,
덕을 중요하게 여기는 것은 누가 시켜서 그런 것이 아니라,
자연스러운 거야.

도에서 만물의 생명이 생기고,

덕이 만물에 축척되어,
만물을 자라게 하고, 기르며,
만물을 균형잡히게 하고, 고치며,
만물을 치유하고, 회복하게 해.

살게 하지만 소유하지 않고,
행하지만 자부하지 않으며,
기르지만 주관하지는 않아.

이것을 '고요한 의도'라고 하는 거야.

알겠어?"

52　　　　　　변함 없는 것을 알아차린다면

노인이 말했어.

"

◆

내면을 통해 온 세상의 시작을 알게 되면,
그것을 '온 세상의 어머니'라고 이름 붙여보자고!,

그렇다면,
이미 그 시작을 알았으니,
'되어감의 과정'도 알 수 있을 것이고,
그 되어감의 과정을 안다면,
또한 모든 것의 시작을 알 수 있게 되는 것과 마찬가지일 거야.

모든 것의 시작을 알게 되면,
'태어남과 죽음의 굴레'를 벗어날 수 있어.

또한 오감(눈, 코, 귀, 입, 촉각)을 통해 일어나는 접촉에 대한 반응을 일으키지 않을 수 있다면, 모든 근심으로부터 자유로울 수 있을 거야.

그러나,
만약 오감을 통해 일어난 접촉에 무의식적 반응을 멈추지 못하면, 그로 인해 발생하는 일들로 인해 스스로를 구원할 수가 없게 될 거야.

감각이 일어나는 찰나를,
그 작은 조짐을 지켜보는 것을 '밝다'라고 한다면,
그 '알아차림'으로 내면의 부드러움,
즉, 평정심을 유지하는 것을 '강하다'라고 할 수 있을 거야.

'의식의 빛'으로 무의식의 차원까지 비추어 밝게 할 수 있다면,
몸과 마음이 만드는 재앙에서 벗어날 수 있어.
이것을 '습상', '항상 그러한 것을 익히다', 혹은 '변함 없는 것을 알아차린다'라고 해.

즉, '내면의 알아차림과 평정심을 익힌다'라고 이해하면 될 거야.

알겠어?"

나를 잃어버려도 괜찮아

53 　　　　잠시라도 앎 속에 있을 수 있다면

◆

문득 잠시 동안 '앎' 속에 있을 수 있다면,
난 주저하지 않고 '도'를 경외하며 실천할 거야.

'도'는 마치 큰 길처럼 평평한데도,
사람들은 지름길만 찾아가려 하는 것처럼 보여.

그건 권력, 재물, 탐욕 같은,
'무상'한 것들을 움켜잡으며 즐거워하는 것이니,
마치 스스로 도둑임을 자랑하는 것과 같은 거야.

그러한 것은 '도'가 아니야.

54   나를 알게 되면

노인이 말했어.

"행복을 밖에서 찾는다면, 아마 찾지 못할 거야. 오로지 내면을 통해서 찾을 수밖에 없는 것이기 때문이야.

◆

잘 설계된 도로가 울퉁불퉁하지 않듯,
내면에서 잘 품은 '알아차림과 평정심'은 잃을 수가 없어.

그것이 대대손손 자식과 손자에게 이어질 수 있다면,
그들은 매년 그것을 보답하기 위해 제사를 지낼 정도가 될 거야.

그렇게 하기 위해서는,
자신의 육체와 정신적 구조 안에서 수행을 하여,

                                               나를 잃어버려도 괜찮아

명료하게 갈고 닦고,

내면을 통해 알아차려,
그 명료함으로 가정과 마을, 국가,
더 나아가 온 세상을 비추어야 해.

나로서 나를 알면,
나를 아니, 너를 알고
너를 아니, 그들을 알고
그들을 아니, 온 세상 사람들을 알아.

내가 어떻게 온 세상이 그렇다는 것을 알겠어?
바로 이런 까닭이야.

알겠어?"

55 갓난아기처럼 존재한다면

자연스러운 호흡 |

노인이 말했어.

"갓 태어난 생명들을 본 적 있는가? 어미의 뱃속에서 갓 태어난 고양이, 강아지, 아기 등등, 그 순수함, 그 순백의 깨끗함을 말이야. 어떠한 계산도 의도도 없이, 순수하게, 자연스럽게 존재하는 그 생명들을…

그 순수함은 나라는 생각이 없고 너라는 분리가 없으니, 위험에 처할 수도 위험이 찾을 수도 없어. 그러나 인류는 '나'라는 환상을 만들고, '너'라는 또다른 착각을 만들어 낸 후, 심지어는 자연스러운 호흡조차도 자기 마음대로 통제하려고 해. 이러한 부자연스러움은 바로 '죽음'과 같고, 이걸 깨닫지 못하며 사는 것은 삶을 진실로 사는 것이 아니야.

◆

나라는 개체적 의식이 없고,

나를 잃어버려도 괜찮아

너라는 대상적 구별이 없는,
순수함의 극치,
그것을 비유한다면 아마도 갓난아이와 같다고 해야 할 거야.

독이 있는 벌레, 사나운 짐승과 새들이
쫓지도 않고, 아무런 해를 입히려 하지 않아.

그 뼈는 연약하기 그지없고,
근육조차 부드러울 뿐인데,
손아귀로 잡으면 단단하게 꽉 잡아.

아직 남성성과 여성성,
그리고 그 교합이 발현되지도 않았지만
온전한 작품처럼 존재하는 것은 바로 '깨끗한 기운(순수함)'이
지극하기 때문이야.

또 하루 종일 울지만,
목구멍이 상하거나 쉬지 않는 것은
조화로움이 지극하기 때문이야.

조화로움은 '영원'과 같고,
'영원'은 '밝음'과 같아.

삶을 풍부하게 하는 것을 '상서로움'이라고 말할 수 있다면,

자연스러워야 할 호흡을 마음대로 통제하려고 한다면,
그것은 '억지스러움'이라고 말할 수 있을 거야.

이처럼 내면에 긴장을 불러일으키는 짓은,
곧 만물을 늙게 만드는 것과 같고,
이러한 것은 도가 아니며,
도가 아닌 것은 일찍 끝나버려.

알겠어?"

나를 잃어버려도 괜찮아

56

가까워지려 하지 않으면, 멀어질 수도 없어

노인이 말했어.
"본래 '나'라는 것은 개념일 뿐, 실상이 아니야.

그러나 언어로는 설명할 수 없어. 오직 내면에서 경험될 수 있을 뿐이야. 그런데 내면에서 경험되는 '나'는 없으니, 경험할 수 있다고도, 경험할 수 없다고도 '말'할 수는 없어.

그래…
이렇게 말이 많아지면, 안된다는 거야.

◆

아는 자는 말하지 않고,
말하는 자는 알지 못하지만,

굳이 말해주면,

　오감을 통해 일어나는 접촉에 대한 반응을 일으키지 말고,

　내면에서 일어나는 생각, 감정, 기억에 대해 매듭(갈망과 혐오)을 만들지 말아야 하며,

　내면의 빛으로 실상을 보고, 그 미묘한 티끌 같은 것과 함께 하라는 거야.

　이러한 상태를 언어로 굳이 표현하면,

　현동(玄同), 본래의 '나'와 같아짐이라 할 수 있을 거야.

　가까워지려 하지 않으면, 멀어질 수 없고

　이익을 얻으려 하지 않으면, 손해를 볼 수 없으며

　귀하게 되는 것을 바라지 않으면, 천하게 될 수도 없는 거야.

　이렇기 때문에 온 세상에서 우러르는 거야.

　알겠어?"

나를 잃어버려도 괜찮아

57 에고 없이 일한다는 것

노인이 말했어.

"

◆

나라는 준칙으로 다스리고,
전쟁은 속임수로 이긴다면,

온 세상을 다스리기 위해서는 무사(에고 없이 일함)로 해야 할 거야.

내가 그것을 어떻게 알겠어?
바로 아래와 같은 실례들을 통해서야.

나라를 다스릴 때,

꺼리고 싫어할 것들(세금, 군역 등)이 많으면 백성들은 가난해져.

또 백성들에게 날카로운 도구들이 많아지면 국가는 혼란에 휩싸이고,

사람들에게 기묘한 기술이 많다면 꼭 필요없는 기이한 물건이 증가
하게 돼.

그리고 법을 분명하게 많이 만들어 내면 그로 인해 도적이 많이 생
겨나는 이치인 거야.

그래서 성인(깨달은 사람)이 말하길,

본래 '나'라는 것은 없고,

나의 것, 나의 사람, 나의 행위, 나의 욕망 등 이러한 모든 것들은 그
저 에고의 환상일 뿐이야.

참나로 존재하면,

존재는 질적으로 변하고,

올바르며,

지복속에,

그리고 절대적 순수성을 경험하게 될 거야.

알겠어?"

나를 잃어버려도 괜찮아

58 옳고 그름

노인이 말했어.
"자네 물고기 잡아봤어?"

내가 답했어.
"네, 어릴 때 강에서 많이 잡아봤어요."

노인이 말했어.
"그래, 만약에 물고기를 잡을 때 너무 촘촘한 그물로 잡으려고 한다
면, 치어(稚魚) – (알에서 깬 지 얼마 안 되는 어린 물고기)까지 잡히게 될 것이
고, 그렇다면 곧 물고기의 씨가 마르게 되어 버릴 거야. 지금 당장의
이익만을 생각하면 그물이 촘촘하면 좋을 것 같은데, 미래의 곤란을
야기시키기 때문에 법적으로도 그러한 행위를 금지하고 있는 것이지.

이러한 이치를 잘 생각해 봐.

정치가 느슨하다면,
백성들은 순수하고 순박할 거야.
그런데 정치가 촘촘하다면,
백성들은 부족하고 힘들다고 할 거야.

나쁜 일이라는 것은 좋은 일이라는 개념이 있어서 만들어지고,
좋은 일이라는 것도 나쁜 일이라는 개념 때문에 만들어진 것이야.

좋음, 그 극단이 나쁨이고,
나쁨, 그 극단이 좋음이니,
이러한 극과 극이 서로로 인하여 상대적으로 생겨남을 이해할 수 있
겠어?

'옳고 그름'은 그저 개념일 뿐 실상이 아니라는 말이야.

옳다는 것이 속임수로 둔갑되고,
착하다는 것이 요사한 것으로 뒤바뀌는,
이러한 경우로 사람들이 혼란스럽게 된 것이 이미 오래되었어.

이렇기 때문에 깨달은 이는,

떳떳하고,

결백하며,
내면의 모든 부정성이 사라져,
그 빛을 세상에 비춰주지만,

결코 상대방을 판단하거나,
상처입히고,
시험에 들게 하고,
어떻게 되게 하려고 강요하지는 않아.

알겠어?"

59 나와 너를 아낀다는 것

무경계 |

노인이 말했어.

"

◆

세상 속에서 사람들과 어울리고,
그리고 그 세상을 함께 만들어 나아감에 있어서
아낌을 받고, 아껴주는 것만 한 건 없을 거야.

그런데 나를 아끼고, 상대방을 아껴준다는 것은 대체 어떻게 하는
것일까?

그것은 바로 어떠한 상황, 생각, 감정, 감각 등을 만남에 있어서 '저

나를 잃어버려도 괜찮아

항하지 않고 수용하는 것', 즉 상황이 발생하자마자 즉각적으로 수용함을 말하는 거야.

다른 말로 '항복'이라고 할 수도 있고, '놓아버림'이라고 말할 수 있고, '받아들임'이라고 표현할 수도 있을 거야.

또 다른 표현으로는 '갈망과 혐오를 일으키지 않고 평정심을 유지한다'라고도 할 수 있을 거야.

그것이 바로 '아낀다'의 의미야.

이러한 수용의, 받아들임의, 항복의 의도를 거듭 내면에 쌓아가는 거야. 그렇게 쌓아가는 의도는, 즉각적 수용으로, 즉각적 항복으로, 그렇게 현상적으로 드러나게 될 거야.

이것은 무엇에 대해 이기려 하는 것이 아니니, 그로 인해 오히려 무엇에 대해서도 질 수가 없는 거야.

그렇기 때문에 이기지 못할 것이 없어지는 것이고, 이기지 못할 것이 없다는 것은 그 끝을 알 수 없는 것이야.

끝을 알 수 없다는 의미는 한계를 가늠할 수가 없다는 것이고, 그것은 경계를 지을 수 없다는 의미이며, 즉, '무경계'를 이야기하는 것이야.

경계, 한계, 그 끝을 가늠할 수 없으니, 오히려 나라(경계)가 있을 수
있어.

경계를 있게 하는 것의 근본,
나타난 것을 있게 하는 나타나지 않은 것은,
장구(길고 오랫동안) 할 수 있어.

이러한 것을 깊이 뿌리를 벋어 움직이지 않고,
오래도록 살아있으며, 오랫동안 볼 수 있는 것의 도라고 하는 거야.

알겠어?”

나를 잃어버려도 괜찮아

60 작은 생선을 삶듯이

노인이 말했어.

"

◆

작은 생선을 삶을 때,
뚜껑을 너무 자주 열어서 확인하거나,
생선을 너무 자주 뒤집는다면,
생선이 잘 익지도 않고, 생선의 살도 다 허물어질 거야.

이렇듯,
큰 나라를 다스림에 있어서 너무 많은 간섭과 규제,
통제하면 안 된다는 말이야.

깨달은 이가 세상에 참여한다는 것을,
귀신과 같이 요상한 신통력을 발휘하는 것처럼 오해하면 안 돼.

깨달은 이는 마치 작은 생선을 삶는 것처럼,
사람들을 간섭하거나 통제하지 않고,
사람들을 그저 그들 자신으로 존재하게 하여,
스스로를 해치게 하지 않을 뿐이야.

알겠어?"

나를 잃어버려도 괜찮아

61

명상에 대해

노인이 말했어.
"자네 명상을 해보았나?

깊은 명상에 들어가면, 생각과 기억 감정들의 흐름이 끊어지고 어느 순간 고요한 적막과 크기를 가늠할 수 없는 공간을 의식하게 돼.

장거리 달리기를 할 때, 혹은 어떤 일에 완전히 몰입하는 순간 속에서도, '에고'가 녹아서 사라지며, 고요하고 무한한 공간 속에 있는 듯한 경험을 한 적이 있을 거야.

◆

우리들의 무한한 의식의 장에서,
생각, 감정, 기억들이 끊임없는 강물처럼 흘러.

그 흐름은 오로지 내면의 고요함으로 멈출 수 있을 거야.

흐름이 멈추고,
내면이 고요해지면 고요해질수록,
우리는 경계없는 무한한 공간, 무경계, 참자아의 실체를 마주하게 돼.

그렇다면 내면을 고요하게 하는 방법은 무엇일까?
그것은 저항없는 받아들임, 항복, 놓아버림을 통해서야.

일어나는 모든 생각은 저항의 다름이 아니야.
생각은 무한을 유한하게,
무경계를 유한한 경계로 만드는 저항,
그 밀쳐냄일 뿐이야.

마치 계곡이 고요함으로 언덕의 경치를 더욱 아름답게 만들고,
세상의 모든 암컷들이 고요함으로 수컷을 이기는 것처럼,
우리는 오직 고요함을 통해서만 '에고'를 넘어갈 수 있어.

알겠어?"

나를 잃어버려도 괜찮아

62

가장 중요한 것

노인이 말했어.
"자네 생각에 세상에서 가장 중요한 것이 무엇이라고 생각하나?"

내가 말했어.
"글쎄요?"

노인이 말했어.

"

◆

착한 사람이던,
나쁜 사람이던,

62 _ 가장 중요한 것

말을 잘하든 못하든,
행동이 품위가 있든 없든,

지위가 높든 낮든,
돈이 많든 적든,

죄를 지었거나,
그렇지 않든 간에,

다 필요 없고,
오직 수행에 힘써서 '도'를 얻는 것이
가장 중요해!

알겠어?"

나를 잃어버려도 괜찮아

63   순수한 의식을 회복한다는 것

노인이 말했어.

"그렇다면 세상에서 가장 중요한 것을 어떻게 이루어야 할까? 그건 아마도 '순수한 의식'을 회복하는 것으로 이룰 수 있을 거야.

순수한 의식은,

◆

행할 때는 행함만이 있고,
일함에는 일함만 있으며,
맛봄에는 맛봄만이 있어.

행함을 하는 '나'는 없고,
일을 하는 '나'도 없으며,

맛을 보는 '나'라는 것은 없다는 말이야.

이러한 '나'라는 것,
즉 '에고'가 없으니,

작은 것을 크다고 여길 수 있고,
적은 것도 많다고 여길 수 있으며,
상대방을 원망할 주체 자체가 없으니,
'덕'으로써 대응할 수 있게 되는 거야.

어려운 일은 쉬운 일부터 해야 하고,
큰일은 미미한 일부터 해야 하는 이치를 안다면,

세상의 모든 어려운 일과 큰 일은,
반드시 쉬운 일과 미미한 일에서 만들어진다는 것을 깨닫게 될 거야.

그렇기에 깨달은 사람은,
애초에 큰일을 하려고 하지 않으니,
큰일을 할 수 있게 된다는 거야.

쉽게 승낙하는 대답을 믿기 어렵고,
쉬운 것이 거듭된다면,
반드시 어려운 일이 거듭될 것임을 알기에,

나를 잃어버려도 괜찮아

깨달은 사람은 애초에 모든 일을 함에 어렵게 대하기 때문에 끝까지 어려움에 봉착하지 않게 된다는 말이야.

알겠어?"

64

하고자 함이 없음을
하고자 한다는 것

명상수행 4 |

노인이 말했어.

"

◆

평정심 안에 있을 때 그 평정심을 보존하기 쉽고,
조짐이 아직 있지 않을 때 그 일을 처리하기 쉬우며,
물질이 연하고 부드러울 때 그것을 녹이는 것이 쉽고,
아직 많이 모이지 않았을 때 그것을 흩어버리기가 쉬울 거야.

이러한 이치로,
아직 어떤 상황이 발생하지 않았을 때 그것을 해야 하고,
아직 혼란이 발생하지 않았을 때 그것을 다스려야 한다는 거야.

나를 잃어버려도 괜찮아

마치 두 팔로 감싸 안을 정도의
커다란 나무도 터럭처럼 작은 새싹에서 자라나는 것처럼.

마치 9층의 높은 누대도 흙이 조금씩 쌓이고 쌓여서 세워지는 것처럼.

마치 천리의 먼 길을 가는 것도 한 걸음에서 시작되는 것처럼.

에고적 의도와 목적을 가지고 무엇인가 하려는 모든 시도는 실패할
것이고,
갈망과 혐오로 좋아하고 싫어하는 집착을 일으킨다면 모두 놓치게
될 거야.

깨달은 사람은 의도와 목적을 가지고 무엇을 하려고 하지 않으니 실
패하지 않고,
그 무엇에도 집착하지 않기에 아무것도 잃을 수 없을 거야.

통상적으로 일반 사람들은 어떤 일을 진행함에,
어느 정도 성과를 얻을까 하면 그것을 실패하고 말아.
그렇지만 그런 사람들도 만약 일을 마칠 때까지,
언행과 몸가짐을 삼가면서 처음의 마음가짐으로,
일을 해 나간다면 아마도 그런 실패에서 벗어날 수 있을 거야.

이러한 이치를 알고 있는 깨달은 사람은,
오히려 '하고자 함이 없음을 하고자 하고',

어렵게 얻게 되는 귀한 물건을 귀하게 여기지 않으며,
분별하는 마음을 없애는 것을 배우고자 하고,
많은 사람이 범하는 과오를 회복하게 도와주며,
그렇게 만물이 스스로 자연스럽게 존재할 수 있게 돕고자 할 뿐,
에고적 목적을 위해 감히 무엇을 하려고 하지 않는 거야.

알겠어?"

나를 잃어버려도 괜찮아

65

고요한 의도에 대해 2

노인이 말했어.

"최근에 있었던 일이야. 어느 도시의 시정부에서 차량이 많이 증가하여 주차할 공간이 없어지니, 2차선의 도로의 한 쪽을 주차공간으로 활용하는 묘안을 내놓았어. 그리고 그 주차공간에 주차를 하면 주차비를 받아서 시의 운영자금으로 쓸 계획을 세우고 실행하게 된 거야.

그러자, 그 지역에 살고 있는 주민들이 그 주차선이 그려져 있는 곳의 맡은 편에 주차를 하고 실제 주차공간은 텅 비워서 차량을 통행 할 수 있게 묘책을 발휘했어. 그래서 결국 주차비용을 지불하지 않게 되었던 거야. 물론 이렇게 하면 불법이라고 봐야 할 거야. 암튼 대단한 사람들이야. 사람들이 우스갯소리로 하는 말 중에 '정부의 정책이 있다면 백성에겐 대책이 있다'라는 말이 있어.

그래서,

◆

예로부터 '도'를 잘 이룬 사람은,
백성을 똑똑하게 하려 하지 않고,
어리석고 우직하게 하려고 했어.

백성을 다스리기 어려운 이유는,
바로 백성들이 꾀가 많기 때문이야.

그런데 꾀를 써서, 묘책, 묘안으로 백성을 다스리려 하면,
국가에 도적들이 생기는 꼴이 되는 것이고,
꾀를 써서 백성을 다스리려 하지 않는다면,
그것은 바로 국가에 복이 되는 것일 거야.

이러한 두 가지의 이치를 아는 것.
이것을 일컬어 '본보기가 되는 법칙'이라고 해.

더 나아가 항상 이러한 본보기가 되는 법칙을 아는 것.
이것을 일컬어 '현덕(고요한 의도)'라고 이야기한다는 말이야.

'고요한 의도'는,
아주 깊고,
멀리까지 미치며,
세상 만물과 더불어 반복되어 이어지는 거야.

　　　　　　　　　　　　　나를 잃어버려도 괜찮아

이러한 것에 대한 앎이 있은 연후라야,

'본보기가 되는 법칙'을 따르는 것을 아주 중요하게 여길 수 있는
거야.

알겠어?"

바다처럼

노인이 말했어.
"자네 혹 '바다'의 어원을 알고 있나?"

내가 답했어.
"잘 모르겠습니다. 그저 습관적으로 '바다'라는 말을 사용하고 있었던 것 같습니다."

노인이 미소를 지으며 말했어.
"우리가 습관적으로 쓰고 있는 '바다'라는 말은 많은 물이 모인 곳을 말해.
어원은 '물'이라고 여기고 있지.
즉, '물 그 자체'를 말하고 나아가 그 많은 물을 받아 줄 수 있는,
더없이 어마어마한 '물 그릇'을 의미해.

'바다'는 쉽게 말해 '모든 물을 받아줄 수 있는 물 그릇'이라고 보면
되고, 동사로 '바다'를 한 마디로 표현하면, '받아들이다'라고 할 수 있
을 거야.

모든 물을 받아들이는 '바다',
바다는 항상 스스로 가장 낮은 곳에 있으며,
빗방울, 그리고 모든 계곡과 강의 물을 말없이 받아들이고 포용해주
고 있어.

깨달은 이가 세상에 살고 있다면,
아마도 '바다'처럼 살고 있을 거야.

◆

강과 바다,
비유컨데 그것이 모든 계곡들의 왕이라 할 수 있는 이유는,
바로 모든 계곡보다 낮은 곳에 있기 때문이야.

이러한 이치로,
만일 깨달은 이가 사람들의 윗자리에 혹은 앞에 나설 수 있는 이유
는,
말과 행동을 함에 있어 스스로 낮추고 삼가였기 때문이야.

그렇기 때문에,

깨달은 이가 사람들의 윗자리에 혹은 앞에 존재하더라도,
사람들은 그를 무겁게 여기거나 해롭다고 여기지 않고,
오히려 즐겁게 받아들일 수 있어.

즉,
깨달은 이는 '바다'처럼 받아들이고 수용할 뿐 누구와도 다투지 않기에,
온 세상이 그와 다툴 수가 없어.

알겠어?"

노인이 말했어.

"

◆

오늘 자네에게 이야기할 내용은 노자가 말하는 세 가지 보물에 대한 이야기야.

노자는 이 세 가지 보물을 소중히 지키고 간직하고 있다고 말하고 있어.

그 세 가지 보물은 자애로움, 내면의 가난(비움), 감히 세상 앞에 나서지 않음이야.

첫 번째 보물인 '자애로움'은 마음의 본래의 상태를 말하는 거야.

마음은 본래 순수하고 깨끗해. 그 순수함은 고요하고 한 점의 삿된 것이 없는 '사랑'과도 같은 상태라고 볼 수 있어. 본연의 마음의 깨끗함은 자연스럽게 타인 혹은 접촉하는 모든 대상에 대한 무한한 자애로움을 발산하게 돼.

두 번째 보물은 '내면의 가난(비움)'이야. 마음의 본래 모습을 회복하면 자연스럽게 마음의 축적물이 사라지게 될 거야. 마음의 축적물이라는 것은 지적으로 얻은 지식, 기억, 감정 등의 무더기를 뜻해. 우리는 태어나면서 교육이라는 이름으로 마음에 축적물들을 만들어 내고 있어.

'나' 그리고 '너', '적' 그리고 '동지', 나라에 대한 관념, 가족에 대한 관념 등등의 모든 관념들을 축적하고 기억하며, 그러한 것들을 자연스럽게 여겨. 현대적인 용어로 한 마디로 표현한다면, '에고'라고 할 수 있을 거야.

세 번째 보물은 '감히 세상 앞에 나서려 하지 않음'이야. 첫 번째 보물인 '자애로움', 즉, 마음의 본래 모습을 회복하여, 두 번째 보물인 '내면의 가난(비움)', 즉 '에고'를 벗어나게 된다면 자연스럽게 세 번째 보물인 에고적 목적을 위해 세상을 바꾸려 하거나, 마음대로 하려는 어리석음이 사라지게 될 거야.

그래서 노자는 이렇게 세 가지 보물을 소중히 지키고 간직한다고 말하고 있는 거야.

나를 잃어버려도 괜찮아

마음의 본래 상태인 자애로움 속에 있기 때문에 진정으로 과감하고 용감할 수 있고,

내면의 비움으로 에고가 사라져, 분리되어 객체로 존재하지 않으니 넓어(전체)질 수 있고,

감히 세상 앞에 나서려 하지 않으니, 오히려 세상에서 존경받는 존재(어른)로 살아갈 수 있게 되는 거야.

그러나 거꾸로 존경받고자 하고, 전체가 되려고 하고, 과감하고, 또한 용감하려고 한다면 스스로에게 화가 미칠 수밖에 없게 될 거야.

알겠어?"

자연의 법칙 1

노인이 말했어.

"우리는 결코 외부적 세상을 살고 있지 않아. 그저 내면을 살아내고 경험하며 그것에 반응하고 있을 뿐이야.

◆

우리는 내면에서,
스스로 자신과 투쟁하고, 성내며, 다투고 있어.

내면에는 목소리가 있고,
그것을 듣는 자가 있으며,
우리의 내면은 마치 '나'와 '내가 아닌 것'으로 나누어져 있는 듯해.

만약 내면의 고요함을 맛보고,

내면의 참나를 알아챘다면,

군사의 일을 잘하는 사람은 용맹하지 않고,
잘 싸우는 사람은 성내지 않으며,
적을 잘 이기는 사람은 다투지 않고,
사람을 잘 부리는 이가 오히려 부려지는 사람들의 아래(낮은 지위)가
되는 것처럼,

내적으로 경험되는 모든 것들에 대해 저항 없이,
오히려 놓아버림으로 대할 수 있게 되는 거야.

이러한 것을 일컬어 자연의 법칙에 걸맞은 것이라 하니,
이것이 바로 옛날부터 전해 내려온 근본 이치일 거야.

알겠어?"

전쟁에 대한 명언

노인이 말했어.

"

◆

전쟁에 대한 명언이 있는데,
'나는 감히 전쟁의 주인이 되려 하기보다는 오히려 손님이 되려고
한다',
'나는 감히 1촌(3cm)을 전진하려 하기보다는 오히려 1자(30cm)를 물
러나려 한다'라는 말이 있어.

이 말은,
에고적 목적 없이 행한다는 것으로,

비유하면,
팔 없이 물리치고,
겨룸 없이 깨뜨리며,
전쟁 없이 맡아서 다스린다는 말이야.

전쟁을 하면서 적을 가볍게 여기는 것보다 더 큰 재앙은 없는데,
만약 적을 가벼이 여긴다면 아마도 인명의 피해가 발생하여 종종 상
복을 입게 된다는 말이야.
그래서 이러한 교훈을 나는 보물처럼 여길 거야.

그렇기 때문에 만약 병사가 서로 맞닿아 꼭 겨루어야만 한다면,
그것을 애통하게 여기는 쪽이 오히려 전쟁에서 승리하게 될 거야.

알겠어?"

70

눈이 있는 자는 볼 것이고,
귀가 있는 자는 들을 것이다

노인이 말했어.

"지혜에는 3가지 종류의 지혜가 있어.

첫 번째 지혜는 '귀로 들은 지혜'야.

들은 지혜라는 것은 부모로부터, 대중매체로부터, 학교로부터, 주변 사람으로부터 듣거나 읽은 지혜를 말해.

두 번째 지혜는 '머리로 이해한 지혜'야.

이것은 앞서서 듣거나 읽은 지혜를 구체적으로 분류, 조사, 연구 등의 방법을 통해서 자세하게 머리로 납득하고 이해하게 된 지혜를 이야기해.

세 번째 지혜는 '경험으로 체득한 지혜'야.

경험으로 체득한 지혜는 앞서서 두 가지 '귀로 들은 지혜', '머리로 이해한 지혜'를 바탕으로 실제로 실행하여 내적으로, 경험적으로 완전

나를 잃어버려도 괜찮아

하게 이해하게 된 지혜를 말하는 거야.

앞의 두 가지 방법 역시 지혜를 터득하는 아주 좋은 방법이지만, 본질적으로 삶의 변화를 이끌어내는 것은 아마도 세 번째 지혜를 통해서만 가능할 거야.

예를 들면, 자전거 타는 법에 대해 들었고, 또한 자전거에 대해 구조적으로 이론적으로 열심히 공부를 해. 그러나 그렇다고 해서 갑자기 자전거를 탈 수 있게 되는 것은 아닌 거야. 그렇지?

결국 우리는 실제로 자전거를 타는 경험을 통해 수없이 넘어지고, 넘어지고를 반복하다가 어느 순간에 자전거의 균형을 잡는 법을 몸에 익히게 되고, 일종의 질적인 도약을 통해 자전거를 실제로 잘 타게 되는 것이라는 말이야. 만약 자전거를 실제로 타는 연습을 하는 이 과정에서, 자기 또래의 친구가 자전거를 잘 타는 것을 본다면, 스스로도 연습하면 자신이 자전거를 탈 수 있을 것이란 믿음이 더욱 쉽게 생길 것이고 말이야.

그래서,

◆

내가 한 말은 이해하기 쉽고,
실천하기도 몹시 쉬워.

그런데 온 세상 사람들은 내 말을 이해하려 하지 않고,
또한 실천해 보려고 하지도 않아.

말에는 그 중에서도 으뜸, 가장 뛰어난 것이 있고,
일에는 본보기가 되는 사례 혹은 사람이 있어.

그런데 내 말을 이해를 하지 못하니,
당연히 내가 무슨 말을 하는지 알 수가 없고,
나를 이해하지 못하니,
나를 따르는 사람들도 당연히 드물어.

이런 까닭에 깨달은 사람은,
세상 사람들 눈에는 그저 천한 누더기 옷을 입고 있는 비루한 사람
처럼 보이지만,
사실 그의 내면은 마치 귀한 옥을 품고 있는 것 같다고 하는 거야.

그래서 '눈이 있는 자는 볼 것이고, 귀가 있는 자는 들을 것이다'라
는 말이 있는 거야.

알겠어?"

나를 잃어버려도 괜찮아

71   안다는 것

노인이 말했어.

"우스갯소리가 있는데, 대학에서 학사로 졸업하면 자신이 세상에
대해 다 안다고 생각하고, 더 공부해서 석사를 밟아 졸업하면 자신이
모른다는 것을 알게되고, 또 더 공부해서 박사과정을 마치게 되면, '나
도 모르지만, 저 놈들도 모른다는 것을 알게 된다'는 말이 있어.

그래서,

◆

스스로 모른다는 것을 안다면,
수준이 높은 사람이야.

그런데 만약 모르는데 안다고 여긴다면,

그건 쉽게 말해 '병'이야.

스스로 병을 병이라고 안다면,
그렇기 때문에 병이 아닐 수 있겠지.

그러니 깨달은 사람은 병이 없는데,
그 이유는 병을 병이라고 잘 알기 때문이고,
또한 그러한 까닭에 '병'이 없는 거야.

알겠어?"

나를 잃어버려도 괜찮아

삶과 죽음에 대해 1

나는 누구인가?

노인이 말했어.

"자네는 '나는 누구인가?'에 대해 깊이 있는 질문을 스스로에게 던져 본 적이 있나?"

노인이 말했어.

"'나'라는 것은 쉽게 말하면 육체적인 나와 정신적인 나로 구분할 수 있어. 예를 들면 그렇다는 거야. 실제로는 유기적으로 연결되어 있어서 구분할 수 없지.

어쨌든, '나'라는 것은 일종의 '기억'이라고 생각하면 될 거야.

기억에는 두 가지 종류의 기억이 있는데,

첫 번째는 '육체적인 기억'이야.

‘육체적인 기억’이라는 것은, 비유하여 설명해 본다면, 자네와 소가 있어. 자네와 소는 매일 매일 오이를 먹었어. 그렇지만 자네가 소가 되거나 소가 인간이 되는 일은 발생하지 않아. 그것이 바로 ‘육체적인 기억’이야. 무엇을 먹던 인간은 인간이 되고, 소는 소로 존재하는 거야. 그 육체적인 기억이 계속 인간을 인간으로 소는 소로 유지 시켜주는 것이라 볼 수 있어.

두 번째는 ‘정신적인 기억’이야.

‘정신적인 기억’은 자네가 스스로 ‘항존(恒存)’하는 느낌을 받게 되는 그것이야. 항존, 항상 있는 그 느낌을 말해. 어제의 나와 오늘의 내가 ‘동일하다’라는 느낌을 주는 것으로 그것을 쉽게 말하면 ‘정신적인 기억’이라고 할 수 있어. 자네가 어릴 적부터 본 것들, 들은 것들, 경험한 것들 등등이 모두 모여 자네라는 하나의 ‘정신적인 기억’을 만들게 되고, 심지어는 자네의 이름조차도 일종의 ‘정신적인 기억’일 뿐이야.

만약 ‘정신적인 기억’을 형광등 전원 스위치처럼 켜고 끄고 할 수 있다면 어떻게 될까?

‘나’라는 ‘정신적인 기억’을 켜놓고 있으면, 일반적인 사람으로, ‘나’라는 객체로 존재하겠지?

그런데 의도적으로 그 ‘정신적 기억’을 끌 수 있다면?, 아마도 ‘갓난아이처럼 모든 것이 새로울 거야’, 그렇지?

나를 잃어버려도 괜찮아

그것이 비유하자면 바로 어떤 것에도 얽매이지 않는다고 일컬어지는, '깨달음'이란 거야.

암튼 뭐 그렇게 중요한 이야기는 아니니 그런 줄 알고,

◆

백성들이 권위를 두려워하지 않을 정도로,
무덤, 그것이 상징하는 죽음에 대해 익숙해졌다면,

아마도 통치자는 더욱더 심한 형벌을 사용하여 백성들을 통제하려 하게 될 거야.
그렇기에 백성들이 스스로의 삶을 염증 내고 싫어하지 않게 해야 해.

통치자가 백성들 스스로의 삶을 싫어하지 않게 하여야만,
백성들이 삶을 싫어하지 않게 될 거야.

이러한 까닭에,
깨달은 사람은 스스로를 알 뿐,
남들에게 알아달라고 하지 않고,
스스로를 사랑할 뿐,
남들에게 귀하게 여겨달라고 구걸하지 않아.

그러므로 저것을 버리고 이것을 취하는 거야.

알겠어?"

나를 잃어버려도 괜찮아

73 삶과 죽음에 대해 2

사람들은 자신의 생각,
견해를 자신으로 여겨

노인이 말했어.

"나의 생각, 나의 견해, 사람들은 그저 허상일 뿐인 것을 부여잡고, 생각과 견해를 위해 목숨을 버리기도 해.

생각, 견해 등을 나라고, 혹은 나의 것이라고 착각하는 것이 원인이야. 생각은 그저 일어나고 사라지는 것이고, 견해는 그저 어디선가 듣거나 읽은 지식의 모음일 뿐인데, 그것을 내 생각, 내 견해라고 집착하기 시작하고, 그 허상을 지키기 위해 용기를 내고 감히 행동해.

인류 역사에서 십자군전쟁, 나치즘 등이 그러한 예가 될 수 있고, 개인의 차원에서 보면, 나의 생각을 상대방이 무시했고, 그것이 원인이 되어 감정의 분노가 폭발하여 상대방을 주먹으로 치는 행동을 하는 것과 같은 것이 좋은 예가 될 수 있을 거야.

그래서,

◆

에고의 만족을 위해 용기를 내어 감히 행하려 한다면,
죽을 거야.
에고의 만족을 위해 용기를 내려 하나 감히 행하려 하지 않는다면,
살 거야.

용기를 내고, 내지 않고는 그것을 행하고 행하지 않는 것에 따라서
에고의 만족에 이익이 되기도 하고, 그렇지 않기도 할 거야.

지각, 그것이 옳은지 그른지에 대한 절대적인 판단을 어떻게 할 수
있겠어?

그렇기 때문에 깨달은 사람은 오히려 그것을 어렵게 여기는 거야.

하늘의 도는,

'나라고 주장하는 것'이 없으니,

다투지 않고 이기고,
언어를 사용하지 않고 화답하며,
부르지 않아도 스스로 오고,

나를 잃어버려도 괜찮아

헐렁해 보이지만 자세히 잘 살펴.

마치 하늘의 그물은 아주 넓어서,
그물의 틈이 널찍한 것 같지만 아주 미세한 것도 하나도 빠뜨리지
않는 것 같은 거야.

알겠어?"

삶과 죽음에 대해 3

자연의 법칙 2

노인이 말했어.

"

◆

삶이 너무 고단하여 백성들이 죽는 것이 오히려 낫다고 여겨서,
죽음을 두려워하지 않게 된다면,
아마도 백성들은 통치자의 말을 듣지 않게 될 거야.

그런데 만일 통치자가 백성들로 하여금 항상 죽음을 두렵게 만든
후에,
그 중에서 말을 듣지 않는 자를 잡아서 죽여버린다면,
아마도 백성들은 감히 통치자의 말을 듣지 않을 수 없을 거야.

삶과 죽음은 사실 자연의 소관이며,
항상 자연의 법칙에 의해 삶과 죽음이 일어나고 사라지는 것인데,

만약 누군가가 에고적 목적을 위해,
타인들의 삶과 죽음에 관여하려 한다면,
그것은 자연의 법칙을 거스르는 행위이고,
마치 목수를 대신하여 나무를 깎다가 자신의 손을 다치는 것 같은
우매한 행위라고 할 수 있을 거야.

알겠어?"

삶과 죽음에 대해 4

삶은 본래 목적이 없어 |

노인이 말했어.

"

◆

백성의 굶주림은 위에서 세금을 많이 걷기 때문이고,
백성을 다스리기 어려운 이유는,
위에서 에고적 목적을 위해 다스리기 때문이며,

또,
백성이 죽음을 가볍게 여기는 것은,
그 위에서 자신들만 잘살려고 욕심부리기 때문이야.

나를 잃어버려도 괜찮아

사실,
삶은 본래 목적이 없고,
삶은 무엇을 하기 위한 것도,
무엇이 되기 위한 것도 아니야.

삶 자체를,
삶으로 살아가는 것이 제일 현명한 거야.

알겠어?"

76

삶과 죽음에 대해 5

연약함은 삶,
단단함은 죽음

노인이 말했어.

"

◆

아기가 태어나면 부드럽고 몹시 연약한데,
죽어서 시체가 되면 굳고 몹시 단단해져.

풀과 나무도 역시 새싹이 돋아날 때는 부드럽고 몹시 연약한데,
죽음에 이르면 시들고 말라버리게 돼.

이러한 사실에 의거하여 삶과 죽음을 분류한다면,
굳고 단단하다는 것은 죽음이라는 카테고리에 속하고,

나를 잃어버려도 괜찮아

부드럽고 약하다는 것은 삶이라는 카테고리에 속한다고 할 수 있어.

실제로,
강한 병사는 앞장서서 싸우다 일찍 죽을 것이니,
전쟁에 이겨도 승리를 누릴 수 없고,
단단한 나무는 일찍 베어져 무기로 쓰이게 되니,
본래의 생을 누릴 수 없게 되는 거야.

그렇기에,
굳세고 거친 것은 '하급'이라 볼 수 있고,
부드럽고 연약한 것이 오히려 '으뜸'이라 할 수 있을 거야.

알겠어?"

활을 당겨 쏘는 것처럼

도에 대한 비유 7

노인이 말했어.

"

◆

자연의 법칙을 활을 당겨서 쏘는 행위에 비유해 본다면,
활을 너무 높이 들었다면 높낮이를 낮춰야 하고,
활을 너무 낮게 들었다면 높낮이를 높여야 하는 것처럼,
넘치면 덜어내고, 부족하면 채워주는 것과 같을 거야.

그런데,
인간세상의 법칙은 자연의 법칙을 따르지 않는데,
그것은 마치 부족한 쪽에서 억지로 덜어내서,

나를 잃어버려도 괜찮아

오히려 넘치는 쪽에 더 넘치게 가져다 바쳐.

쉽게 말하면,
가난한 자에게 빼앗아 부자에게 가져다 바치는 것 같다는 말이야.

그렇다면,
어느 누가 '자연의 법칙'을 따라 남음이 있게 하여,
그것으로 온 세상에 공헌할 수 있을까?

아마도,
무엇인가를 해내어도 자랑하지 않고,
성과를 이루지만 집착하지 않으며,
스스로의 현명함을 드러내지 않는 자,
그런 사람만이 그렇게 할 수 있을 거야.

알겠어?"

78

진리는 모순적이다

◆

온 세상 만물 중에 가장 부드럽고, 가장 약한 것으로 '물'보다 더한
것은 없어.
그럼에도 만약 '물'을 아주 굳세고 강한 무엇으로 공격한다면, 당연
히 이길 수 없을 거야.

이러한 명백한 진리를 마음대로 바꿀 수는 없어.

연약함이 강함을 이기고,
부드러움이 단단함을 이기는 것.
이러한 원리를 세상 사람들이 모르지는 않아.
그러나 실천하지 못하는 것 같아.

나를 잃어버려도 괜찮아

그래서 깨달은 사람이 말하길,

'사직의 주인이 되는 자는, 국가의 수치에서 배우는 사람이고,

천하의 왕이 되는 자는, 국가의 재앙에서 배우는 사람이다'라고 했어.

바른말은 마치 거꾸로인 듯해.

79

콩 심은 데 콩 나고,
팥 심은 데 팥 난다

노인이 말했어.

"자연의 법칙은 '누구는 좋아하고 누구는 싫어하는 사람의 마음'과
는 달리 누구에게나 동일하게 적용되는 거야. 뉴턴의 만유인력의 법
칙, 중력의 작용이 모든 만물에 동일하게 적용되는 것처럼 말이야.

예를 들어,

사과를 얻고 싶으면, 사과나무의 씨앗을 뿌리면 돼. 만약 고과(苦瓜)
를 얻고 싶다면, 고과나무의 씨앗을 뿌리면 되는 거야. 사과나무의 씨
앗을 심으면, 나중에 사과라는 달콤한 열매를 얻을 것이고, 고과나무
의 씨앗을 심으면, 나중에 고과라는 쓴 열매를 얻을 것이야.

그런데 만약에 고과나무의 씨앗을 심고, 하늘에게 기도하여 단맛이
나는 열매를 달라고 하면 어떻게 될까? 당연히 쓴맛이 나는 고과라는
열매를 얻게 되겠지?

에고의 바람은 마치 고과나무의 씨앗을 심어 놓고 사과라는 열매를 얻고 싶어 하는 것과 같은 것인데, 그건 자연의 법칙을 거스르는 것이니, 그렇게 될 수는 없을 거야.

그렇지?

◆

에고로,
과거의 기억 혹은 미래에 대한 투영을 '내 것'으로 여겨서,
큰 원망을 만들어 놓고,
그 원망을 스스로 내려놓는다고 해도,
반드시 원망의 흔적은 남게 되는 거야.

마음에 만들어 낸 흔적, 기억, 의도는 마치 씨앗과도 같기 때문에,
그 씨앗이 자라서 열매가 되는 것과 같은 거야.

그렇기 때문에,
깨달은 사람은 마치 한 손에 계약서를 들고 있는 것처럼,
명명백백히 자신의 존재를 세상에 드러낼 수 있지만,
그렇다고 타인에게 그것을 강요하거나 책임을 묻지 않는 거야.

그러나 의식적인 사람은 타인에게 약속에 대한 책임을 물으려 할 것이고,

나아가 에고적인 사람은 타인에게 있지도 않은 것도 만들어서 책임을 물을 거야.

맞아!
자연의 법칙은 공평해.
마치 어떤 누구와도 친하게 지내지 않는 것처럼.

그런데 말이야.
자연의 법칙은 항상 착한 사람과 함께해.

왜 착한 사람과 함께한다는 것일까?
그것은 마음에 긍정의 씨앗을 뿌리면, 긍정의 열매가 열리고,
마음에 부정의 씨앗을 뿌리면, 부정의 열매를 얻게 되는 것처럼,
마음에 선한 씨앗을 뿌린 사람은 선한 열매를 얻을 것이기 때문이야.

마치 '소가 끄는 수레바퀴의 자국이, 그 수레를 따르는 것'과 같은 거야.

알겠어?"

나를 잃어버려도 괜찮아

80

작은 나라 그리고 적은 백성

노인이 말했어.

"우리가 살고 있는 세상은 다름 아닌 내면의 세상일 뿐이야. 이것을 믿든 믿지 않든 우리는 결코 외부의 그 어떤 것도 경험할 수 없어.

우리가 경험하는 프로세스를 한 번 잘 살펴보면, 눈으로는 대상을 보고, 귀로는 대상을 들으며, 입으로 대상을 맛보고, 코로 대상을 냄새 맡고, 몸으로 대상을 느끼고 있어. 마지막으로 의식으로 그 대상인 마음에서 생겨난 것들에 대해 알 수 있는 거야. 이와 같이 경험이라는 것은, 경험의 대상에 대해 다섯 가지 감각과 의식의 작용을 통하여 내면에서 경험되어질 수 있을 뿐, 다른 방식으로 경험되는 것은 없어. 다시 한번 반복해서 말하면, 결론적으로 우리가 살고 있는 세상은 내면이라는 거야.

그렇기 때문에, 노자가 47장에서 '외부에서 무엇을 찾으려고 한다면, 찾지 못할 거야'라고 말했던 거야.

그래서,

◆

작은 나라 그리고 적은 백성,
백성들에게 어떤 좋고 신기한 물건이 있을지라도 사용할 곳이 없게
하고,
죽음을 무겁게, 삶을 귀하게 여기도록 하며, 멀리 다른 곳으로 이사
를 다니지 않게 해야 해.
비록 배와 수레 등 탈 것이 있을지라도, 그것을 탈 필요를 느끼지 못
하게 해야 하고,
갑옷과 무기 등 전쟁에 필요한 물자가 있더라도 그것으로 진을 펼치
지 못하게 하여야 해.
백성들에게 가장 단순한 전통적 결승(밧줄을 묶어서 계약을 표시)의 방법
을 사용하게 해야 해.

그렇게 한다면,
백성들은 현재의 그 순간을 살아가게 되고,
현재의 그 음식을 달게 여기고,
현재의 그 의복을 아름답게 여기며,
현재의 사는 곳을 편안하게 여기고,
현재의 그 풍속을 즐겁게 여길 거야.

현재의 그 순간,
순수한 그 내면을 살아가고,

나를 잃어버려도 괜찮아

그 내면의 만족을 체득한 사람들은,

이웃 나라가 서로를 바라볼 수 있고,

개와 닭의 울음소리가 서로에게 들린다고 해도,

늙어서 죽을 때까지,

서로 왕래할 필요를 느끼지 못할 거야."

노인이 말했어.

"이번 장은 19장과 57장에서 이야기한 것에 대한 노자의 해결책 혹은 대안이라 볼 수 있어.

19장에 '신성하다 여겨지는 것을 끊고, 꾀를 버리면, 백성에게 이익이 백배가 되고, 어질다고 여겨지는 것을 끊고 의를 버리면, 백성들이 효성과 자애로움을 회복할 것이야. 또한 교묘한 물건을 끊고, 이롭다 여기는 것을 버린다면, 도적이 있을 수 없어'라는 내용이 있고, 57장에 '세금, 노역, 부역이 많아지면, 백성들이 가난해지고, 백성들에게 날카로운 도구, 무기가 많다면, 국가의 혼란이 잦으며, 사람들에게 교묘한 기술이 많다면, 기이한 물건이 증가할 것이고, 법과 명령이 분명하게 많아지면, 도적이 많아질 것이야'라는 내용이 있어.

그렇기 때문에 노자는 다시 한번 반복해서 우리에게 알려주려고 하는 거야.

알겠어?"

내가 준 것이
바로 내가 받을 것이다 2

노인이 말했어.

"

◆

내가 예언을 할게.

아마도,
내가 쓴 이 5000여 자의 글은 가까운 미래에,
수많은 사람들이 각자의 생각을 담아,
더 많은 내용으로 이 글을 해석할 거야.

아마도,

내가 쓴 짧은 한 줄의 문장이,
10마디로, 100마디로 늘어날 거야.

사실,
내 말은 투박하고, 간결하고, 아름답지 않아.
또 교묘하게 뭔가를 설명한 것도 아니야.
정치에 대한 이야기도, 그렇다고 장황하게 우주의 질서를 이야기한
것도 아니야.

난 분명코 내가 잘 모른다고 이야기했고,
사실 지금도 잘 몰라.

또,
나는 과거를 쌓거나, 미래를 추구하며 살지 않아.
그저 현재에 머물 뿐이야.
지금 이 순간에 말이야.

마지막으로 반복해서 한마디만 더 할게.
'내가 준 것이 바로 내가 받을 것이다'

이 말이라도 기억해주렴.

알겠어?"

글을 마치며

○
○
○

도덕경은 5000여 글자로 비교적 짧은 글입니다. 저는 공교롭게도 대학에서 한문을 전공하였고, 대학시절 논어, 맹자, 대학, 중용 등의 사서와 신라, 고려시대 한문학 등을 원문으로 공부할 수 있는 행운을 누렸습니다. 또한 한문해석강화를 저술하신 최상익 교수님의 전공수업을 통해, 고문을 해석하는 기본을 익힐 수 있었습니다.

그렇지만, 그 당시에도 '도덕경'은 전혀 이해할 수가 없는 '아리송한' 책이었습니다. 그래서 도올 김용옥 교수의 '노자와 21세기'를 모두 읽었고, 노자를 웃긴 남자를 쓴 '이경숙 작가'의 책도 읽었습니다. 나중에 웨인다이어가 쓴 도덕경도, 오쇼라즈니쉬가 강의한 도덕경도, 또 최진석 교수가 쓴 도덕경도 읽었습니다. 그런데, 전 도덕경을 이해할 수 없었습니다.

오쇼라즈니쉬의 도덕경은 노자의 원의에 가까운 것 같은데, 아무래도 전체 문장을 해석한 것이 아닌, 부분부분을 취해서 강의하는 형식의 책이었기 때문에 도덕경에 대한 목마름은 계속 되었습니다. 또한 다른 책들에서는 도덕경이 저에게는 마치 파편처럼 보였고, 읽고 나서 무엇을 읽었는지 알 수가 없었습니다. 제가 우매하기 때문에 그렇다고는 생각했지만, 진심으로 모르겠다는 말밖에 할 수가 없었습니다.

　어느날 문득 한 번 '도덕경을 완역해 보자'라는 생각이 일어났고, 5000여자 밖에 되지 않으니, 아마도 3개월이면 해석이 완료될 것으로 생각했습니다. 그런데 제 생각과는 다르게 도덕경은 숨이 턱 막힐 정도로 너무 어려웠고, 이해할 수가 없었습니다. 도덕경 한 장을 해석하는 데 1개월이 걸리기도 하고, 어느 장은 3개월이 걸리기도 했습니다. 그렇게 어느새 4년의 시간이 흘러버렸습니다.

　도덕경을 해석하다가 막히면, 다음 장을 해석하거나, 해석본을 보는 것이 아니라, 그 장의 내용을 스스로 납득할 수 있을 때까지 시간이 날 때마다 틈틈히 궁구했습니다. 걸으면서도 생각하고, 누워서도 생각하고, 시간이 많은 어떤 날은 하루 종일 고민하기도 하였습니다. 아마도 그 과정에 대한 가장 좋은 표현은 '문장이 알아서 마음속에서 해석되기를 기다렸다'고 할 수 있을 것입니다. 마음에 도덕경 원문이라는 씨앗을 뿌려놓고, 해석의 열매가 맺기를 기다리는 것처럼 말입니다. 제 미천한 내공으로는 해결되지 않는 문제라고 생각하였기 때문입니다. 그 기다림의 과정 속에서 어떤 때는 가슴이 꽉 막히기도, 가끔씩 마주하는 해석되지 않는 도덕경 문장에 숨이 막히기도, 스스로 멍

청이라고 자책하기도 하였습니다.

　도덕경을 해석하기로 마음 먹은지 대략 2년 정도 시간이 흘렀을 때, 우연히 책 한 권을 읽었습니다. 평소 불교 관련 서적을 읽기도 하였지만, 명상을 실제로 해보지는 못했습니다. 제 나름대로 '명상을 안다'라고 착각하고 살았던 것입니다. 그런데, 우연히 읽게 된 '고엔카의 위빳사나 10일 코스'라는 책은 제게는 몹시 충격적이었습니다. 그와 비슷한 시기에 '데이비드 호킨스 박사'의 책들을 읽고 있었습니다. 그 중에서 '치유와 회복'에서 읽은 한 부분의 내용에 충격을 받고 있던 찰나였습니다. 그 내용은 '몸은 몸을 경험하지 못한다. 몸은 감각을 통해, 감각은 마음을 통해, 마음은 의식을 통해, 의식은 자각을 통해 경험된다'라는 '모든 경험은 외부적인 것이 아니라, 내면의 무한한 의식의 에너지 장을 통해 경험된다'라는 맥락의 내용이었습니다. 고엔카의 위빳사나 명상은 '감각(웨다나)'에 중요성을 부여하는, '무상', '무아', '고'를 체득하는 수행법이었습니다. 그렇다면 왜 감각을 중요하게 여기는 것일까요? 고엔카는 '감각은 실제로 느끼는 것이고, 그 실제에 대한 관찰은 '무상', 즉 감각의 무상을 체득하게 되며, 감각의 무상에 대한 체득은 감각에 대한 반응(상카라)을 일으키지 않게 되며, 감각에 갈망과 혐오로 반응하지 않는 것은 마음에 평정심을 가져온다'라고 이야기했습니다. 이 두 가지 책의 인연으로 저는 '명상'을 배우게 되었고, 명상에 관련된 책을 찾아서 읽기 시작하였습니다. 물론 '명상'을 배운 것은 '도덕경'을 번역하기 위한 것은 아니었습니다. 그럼에도 명상수행을 통한 경험은 노자가 말하고자 하는 것의 일부분을 제가 이해할 수 있게 도움을 주었고, 끝까지 제가 도덕경 해석을 포기하지 않게끔, 용기와 힘을 북돋아 주었습니다.

4년의 시간 동안, 도덕경을 해석하며 힘들었지만, 즐거운 시간을 보냈습니다. 물론 도덕경은 앞으로도 계속 해석되어져야 할 책이며, 노자가 도에 대해 표현한 것처럼, 아마도 끝없이 순환해야 할 책이라고 생각합니다. '또 다른 여인이 나를 낳으리라'라는 오쇼라즈니쉬 지음, 류시화 옮김의 책 제목처럼, 아마도 또 다른, 의식수준이 높은 분들이 '도덕경'을 해석해 주실 것이라 확신하며, 저 역시도 그분들이 해석한 도덕경의 '또 다른 독자'가 될 것입니다.

마지막으로 이 책을 읽는 모든 분들께, 도덕경을 읽는 매 순간순간 내면의 고요함이 함께 하시길 기원하며 이 글을 마칩니다.

원문 해석에 대해

　도덕경의 원문은 '왕필본'을 기본으로 하였습니다. 글자의 오류로 보이는 몇몇 부분은 죽간본, 백서본 등 도덕경에 대한 탁월한 학술연구를 통해 쓰여진 최진석 교수님의, '노자의 목소리로 듣는 도덕경, 최진석 지음, 소나무'를 참고하여 수정하였습니다.

　원문 해석의 기본 원칙은, '직역'이었습니다. 대학시절 '최상익 교수님'의 '한문해석강화'시간에 배웠던, '절대 자의적인 의역을 하지 않는다'를 원칙으로 문장에서 막히는 부분이 있으면, 민중서림의 '한한대자전'에 글자를 찾아서, 최대한 사전에 있는 의미만을 사용하여 해석하였습니다. 그렇게 사전을 찾다가 '네이버 한자 사전'과 비교해 보니, '네이버 한자 사전'과 '민중서림의 한한대자전'의 내용이 차이가 없다는 것을 발견하여, 후반 작업은 모두 '네이버 한자 사전'을 찾아서 원문해석을 진행하였습니다. 그렇게 직역을 하다보니, 매 장마다 거의 모든 글자를 찾아서 해석을 하게 되는 경우가 많았습니다.

　'의역'을 하게 된다면, 제 마음대로 의미적으로 쉽게 쓸 수 있지만, '직역'은 그렇지 않습니다. 사전에 없는 의미를 쓸 수가 없기 때문에, 맥락에 맞아

　　　　　　　　　　　　　나를 잃어버려도 괜찮아

도 글자의 뜻이 사전에 있지 않다면, 다시 문장을 읽고 고민하기를 거듭하였습니다. 물론 '도', '덕', '무위', '유위', '현' 등에 대해서는 사전적 의미로는 충분히 전달될 수 없다고 보고, 현대에 출간된 서적, 혹은 현대에 쓰이는 용어 중에 도덕경의 전체 맥락상 가장 타당하다고 여겨지는 용어로 '의역'하였습니다. 또한 의역을 한 부분에는 (   )를 사용하여 의역임을 분명하게 표시하였습니다.

'직역'을 하는 방식은, 예를 들어, 4장의 '吾不知誰之子, 象帝之先'라는 문장의 경우, 일반적으로 '나는 그것이 누구의 자식인지 모르겠다. 하느님보다도 먼저 있었던 듯하다' - 노자의 목소리로 듣는 도덕경, '아마도 상제보다 앞서 있는 것 같다' 등으로 해석됩니다. 앞의 '난 모른다, 누구의 자식인지'의 번역은 쉽게 이해가 됩니다. 그러나 뒤의 상제(象帝)라는 말은 잘 이해가 가지 않습니다.

그래서, 직역으로 '최초의 모양이 있다면 그것의 조상격일 거야'라고 해석했습니다. 그 근거는, 상제는 글자 그대로 직역하면 '형태, 혹은 모양의 임금'이라는 말입니다. 모양의 임금, 모양의 하느님격→모양의 임금삼을만한 것→그래서 최초의 모양으로 의역하였습니다. 象帝之先(상제지선)은 그래서 先은 (앞서다, 조상)이라는 의미가 있으니, '최초의 모양 그것의 조상이다'라고 할 수 있고, 의미적으로는 '최초의 모양보다 먼저다'라는 의미로 볼 수 있습니다. (예시 1 참조)

그래서 마지막 문장을 보면 '난 모른다, 누구의 자식인지, (그것은) 최초의 모양의 조상격일 것이다'라고 직역으로 풀어 쓴 것입니다. 의미적으로는 '난 모른다. 도가 누구의 자식인지, (아마도) 최초의 형상보다 먼저일 (나타났을) 것이다' 정도의 의미가 될 것입니다.

그래서, 예시 2와 같이 *를 달아서 의역된 의미를 설명하였습니다. (예시 2 참조)

또한, 14장에는 무상지상(無狀之狀), 무물지상(無物之象)이라는 표현이 있는데, 여기에 나오는 상(象)은 '모양 혹은 형상'으로 해석되어야 하기 때문에, 도덕경의 전체 맥락에 맞게 해석하기 위해서는 4장의 상(象), 역시 '모양, 형상'으로 해석되어야 할 것입니다. (예시 3 참조)

또 다른 예는, 24장의 경우입니다. 일반적인 해석은, '발뒤꿈치를 들고 서 있는 사람은 오래 서 있지 못하고, 큰 걸음으로 걷는 사람은 멀리 걷지 못한다'라고 해석합니다. 그런데, 실제 문장에서 (오래)라는 의미의 글자는 없습니다. 또한 (멀리)라는 의미의 글자도 없습니다. 그래서 고민을 많이 했던 문장입니다. 사전을 찾아보니 기(企)에는 '계획하다'는 의미가 있고, 과(跨)에는 '빼앗아 소유하다'는 의미가 있었습니다. (예시 4 참조)

즉, 직역하면 '계획이라는 것, 이루어지지 않아, 빼앗아 소유하려는 것, 하지마'라는 말이 되고, 문장을 부드럽게 만들면, '계획을 세우지마, (또한) 빼앗아 소유하려는 행위 따위는 하지마'라는 말이 됩니다. 그 다음 문장에 '스스로를 드러내려 하면, 빛나지 못하고, 스스로 옳다고 여기는 사람은 드러날 수 없고, 스스로를 내세우는 사람은 공을 세울 수 없고, 스스로를 자랑하는 사람은 오래갈 수 없어. 그것들은 도에 있어서, 먹고 남은 남음 밥, 몸의 혹 같은 행동이라고 일컬어지는 것들이고, 만물이 그런 것을 싫어해, 그러므로 도를 체득한 사람은 머무르지 않아'라는 문맥에 비추어 봐도 직역이 문제가 있지는 않습니다. 그렇다고 까치발, 큰 걸음이라는 해석이 완전히 잘못되었다고 볼 수도 없기 때문에, 두 가지의 해석을 섞어서 문장을 정리하였습니다. (예시 5 참조)

나를 잃어버려도 괜찮아

이 외에도 도덕경 원문 해석을 함에 있어서, 직역을 최우선으로 하되, 의미적으로 무리가 없고, 도덕경을 이해하는 것에 필요한 내용이라면, 같이 혼용하여 표현하는 방법을 사용하였고, 그렇게 한 경우는 해석 밑에 ( ) 혹은 *로 표시하여 해설하였습니다.

예시 1

• 象 코끼리 상

코끼리, 상아, 꼴, 모양, 형상, 얼굴 모양, 초상, 법, 법제, 징후, 조짐, 도리, 점괘, 통변, 역법, 통역관, 문궐, 무악의 이름, 춤의 이름, 술잔, 천상, 상징하다, 유추하다, 본뜨다, 그리다, 표현하다, 본받다, 따르다, 같다, 비슷하다

• 帝 임금 제

임금, 천자, 하느님, 오제의 약칭, 크다

• 先 먼저 선

먼저, 미리, 옛날, 이전, 앞, 처음, 첫째, 돌아가신 이, 죽은 아버지, 선구, 앞선 사람, 조상, 형수, 앞서다, 뛰어넘다, 이끌다, 나아가다, 앞으로 가다, 높이다, 중히 여기다, 뛰어나다

예시 2

* 형태, 혹은 모양의 임금, 하느님의 조상격이라는 말은, 빅뱅을 통해 우주의 최초
  의 형상이 나타난 것보다 앞서 있다는 비유적인 표현으로 볼 수 있다. 도는 누가
  만들어 낸 것인지 모른다. '아마도 우주 최초의 형상, 모양보다도 앞서 나타났을
  것이다.' 정도의 의미로 볼 수 있다.

예시 3

• 도덕경 14장

是謂無狀之狀, 無物之象, 是謂惚恍。

이것을 일컬어 형상 없는 형상이라 하며, 아무것도 없음의 모양이라 한다.
이것을 말로 표현하여 황홀(흐릿하며 어슴프레)하다고 한다.

예시 4

• 企 꾀할 기

꾀하다, 도모하다, 발돋움하다, 계획하다, 기대하다, 마음에 두다, 기도하다,
바라다, 희망하다

나를 잃어버려도 괜찮아

- 跨 넘을 과, 걸터앉을 고

  넘다, 넘어가다, 타고 넘다, 자랑하다, 사타구니, 걸터앉다, 점거하다, 빼앗아 소유하다, 큰 걸음으로 걷다, 활보하다, 두 다리를 벌리고 서다

- 立 설 립, 자리 위

  서다, 멈추어 서다, 똑바로 서다, 확고히 서다, 이루어지다, 정해지다, 전해지다, 임하다, 즉위하다, 존재하다, 출사하다, 나타나다, 세우다, 곧 즉시, 바로

- 行 다닐 행

  다니다, 가다, 행하다, 하다, 보다, 관찰하다, 유행하다, 돌다, 늘다, 뻗다, 장사지내다, 시집가다, 길, 도로, 고행, 계행, 행실, 여행, 행직, 일, 장차, 먼저, 무엇보다도

예시 5

企者不立,

까치발로 서면, (오래) 서 있을 수 없고,

* 계획은 이루어지지 않아. (계획을 세우지마)

跨者不行.

큰 걸음으로 걸으면, (멀리) 갈 수가 없어.

* 빼앗아 소유하려는 행위 따위는 하지마.

도덕경 원문 해석

※ 도덕경 해석 1장

| 노자가 정한 '도', '무', '유', '현'의 개념에 대해

道可道, 非常道 ; 名可名, 非常名。

'도'는 도라고 할 수 있다. (그러나) 항상 도라고 할 필요는 없다. ('도'라는 언어가 아닌 다른 언어로 표현해도 된다.)명(이름)은 명이라 할 수 있다. (그러나) 항상 명(그 이름, 언어, 문자를 고집) 할 필요는 없다. (위의 '도'라는 말을 다른 언어로 표현해도 되는 것과 마찬가지의 의미다.)

* 명名은 어원으로 보면, 밤에 식별을 위해 입을 사용하여 소리로 부른 이름, 즉, 식별을 위한 명칭의 의미를 가지고 있다. '도'라는 말도 마찬가지로 다른 것과 구별, 식별하기 위해 '도'라는 글자를 사용했다는 의미이다.

無名天地之始 ; 有名萬物之母。

'무'는 하늘과 땅의 시작을 이름한 것(언어로 표현한 것)이고, '유'는 만물의 어머니와 같은 것을 이름한 것(언어로 표현한 것)이야.

* 만물이 생겨나기 전의 상태, 빅뱅 이전을 언어로 표현한 것이 '무'이고, '유'는 만물이 생겨난 후, 빅뱅 이후를 언어로 표현한 것이라는 말임. 또한 다음과 같은 해석도 무방한데, 아무런 이름과 언어가 없었던 것을 세상의 시작으로 본다면, 모든 세상 만물에 이름 붙일 언어가 생김이 마치 어머니가 자식을 낳는 것과 같다. 무명(언어가 없음)으로 세상 천지가 시작되며, 유명(언어가 생겨남)으로 세상 만물이 엄마가 나를 낳은 것처럼 인간에게 언어로 인식되게 되었다.

故常無欲以觀其妙 ; 常有欲以觀其徼。

그러므로 항상 '무'라는 언어(문자)는 그 묘한(표현할 수 없는) 영역을 (탐색, 사유) 볼 수 있게끔 만들어졌고, 항상 '유'라는 언어(문자)는 분명한 그 경계를 (탐색, 사유) 볼 수 있도록 만들어졌다.

나를 잃어버려도 괜찮아

此兩者 同出而異名 同謂之玄。

이 두 가지는, 같은 곳에서 나왔으나 다른 언어(문자)로 표현되는데, 같은 명
칭으로 표현해 본다면 '현'이라는 언어(글자)로 표현할 수 있다.

玄之又玄 衆妙之門。

'현'하고 또 '현'한 것이 바로 모든 '묘함'이 나타나는 문이다.

*세상의 시작을 추측조차 할 수 있겠느냐만, 세상이 시작되었다고 해도 그 세상을
   인식할 수 있는 도구(언어)가 없다면 세상은 인식되지 않는다. '무'라는 글자와
   '유'라는 글자 (언어)를 통해 세상을 인식하는 창을 만들어 내는데, 이 글자 (언어)
   는 다른 글자 (언어)로 표현되어도 아무런 상관이 없다. 그냥 우리끼리 정하자. 무,
   유, 그리고 그것은 같은 곳에서 나온 것인데, 그 문이 바로 '현'이다. 현은 '검다'
   라는 색상에 대한 이미지의 글자로, 마치 우주공간의 색을 표현한 글자라고 생각
   하면 된다. 또 '현'은 '고요하다'는 의미가 있는데, '고요함, 그것의 더욱 고요해
   짐'이라고 해석할 수도 있다.

※ 도덕경 해석 2장

| 에고적 견해와 순수한 의식

天下皆知美之爲美, 斯惡已 ;

천하 사람들이 모두 아름답다고 알고 있는 아름다움, 이것은 추한 거야.

* 세상 사람들은 '에고적 관점'에서 아름답다고 이야기하는데, '비에고적 관점'에서
   보면 오히려 추하다고 할 수도 있다. 이것은 세상 사람들이 에고적 관점에서 아름
   답고, 추한 것, 옳고 그른 것을 주장하고 있는 것과 같기 때문에 내 관점(노자의 관
   점)에서는 오히려 추하다는 것이다.

皆知善之爲善, 斯不善已。

모든 사람이 선하다고 알고 있는 선(착함), 이것은 선한 게 아니야.

* 마찬가지로 세상 사람들이 선하다고 여기는 것은 에고적인 관점에서의 선함이기 때문에, 내 관점(비에고적)에서 본다면 오히려 선한 것이 아닐 수 있다는 것이다.

故有無相生, 難易相成, 長短相較, 高下相傾, 音聲相和, 前後相隨。

그러므로 '유'와 '무'는 서로를 생성하고(만들어내고), 어렵고 쉬움은 서로 이루며, 길고 짧은 것으로 서로를 드러내며, 높고 낮음은 서로 기대며(기울기로), 노래와 소리는 서로 어울리고(화합), 앞과 뒤는 서로를 따르게 되는 거야.

* 순수한 의식으로 본다면, 있음과 없음은 그저 서로를 만들어 내고, 어려움과 쉬움은 서로를 이루며, 길고 짧은 것은 서로를 드러내고, 높음과 낮음은 서로 기울기를 표현한 것이고, 노래와 소리는 서로 어울려지는 것일 뿐이고, 앞과 뒤는 서로 따르는 것을 그저 표현한 것이지 내가 옳고 그르다는 등의 주장하고 있는 것이 아니다.

是以,

이러한 까닭에,

聖人處無爲之事, 行不言之敎, 萬物作焉而不辭, 生而不有, 爲而不恃, 功成而弗居。

성인(깨달은 사람)은 무위(에고 없이 행함), 그것을 (바탕으로) 일을 함에 거처하고, 말없는(침묵) 가르침을 행하며, 만물을 만들어내지만 말하지 않고, 살지만 소유하지 않으며, 해내지만 자랑하지 않고, 공과를 이루지만 머무르지 않아.

夫唯弗居, 是以不去

무릇 머물지 않으니, 이런 까닭에 어딜 떠나지도 않아.

나를 잃어버려도 괜찮아

※ 도덕경 해석 3장

不尙賢, 使民不爭。

현명함을 숭상하지 않음으로, 백성으로 하여금 다투지 않게 해야 해.

不貴難得之貨, 使民不爲盜。

어렵게 얻게 되는 물건을 귀중하게 여기지 않음으로, 백성으로 하여금 도적이 되지 않게 해야 해.

不見可欲, 使民心不亂。

욕구할 것을 보지 못하게 함으로, 백성으로 하여금 마음을 어지럽히지 않게 해야 해.

是以聖人之治, 虛其心, 實其腹, 弱其志, 強其骨。

이러한 까닭에 성인(깨달은 사람)의 다스림은, 그 마음(에고적 신념체계, 기억)을 비우고, 그 배(실제적)를 채우며, 그 뜻(에고적 의도)은 약하게 하되, 그 뼈는 강하게 하는 거야.

常使民無知無欲, 使夫智者不敢爲也。

언제나 백성들을 무지무욕의 상태에 두며, 무릇 안다는 자들이 감히 행하지 못하게 해야 해.

爲無爲, 則無不治。

무위(에고 없이)로 행하면, 다스려지지 못할 것이 없어.

※ 도덕경 해석 4장

| 도에 대한 비유 1

道, 沖而用之, 或不盈。

도, 그것은 텅 비었음에도 그것을 쓸 수 있고, 혹은 채우려 해도 채워질 수 없는 것이야.

淵兮似萬物之宗

깊구나! 마치 만물의 근본 같아.

湛兮似或存。

맑구나! 마치 있는 것 같기도 해. (있는 것 같기도 없는 것 같기도 하다는 말)

吾不知誰之子, 象帝之先。

난 모른다. 도가 누구의 자식인지, (아마도) 최초의 모양이 있다면 그것의 조상격일 거야.

* 형태, 혹은 모양의 임금, 하느님의 조상격이라는 말은, 빅뱅을 통해 우주의 최초의 형상이 나타난 것보다 앞서 있다는 비유적인 표현으로 볼 수 있다. 도는 누가 만들어 낸 것인지 모른다. '아마도 우주 최초의 형상, 모양보다도 앞서 나타났을 것이다' 정도의 의미로 볼 수 있다.

나를 잃어버려도 괜찮아

※ 도덕경 해석 5장

| 도에 대한 비유 2

天地不仁, 以萬物為芻狗;

천지는 어질지 않아. 만물을 풀강아지(제사에 쓰고 버리는 짚으로 만든 강아지)로 여겨.

聖人不仁, 以百姓為芻狗。

성인도 어질지 않아. 백성을 풀강아지(제사에 쓰고 버리는 짚으로 만든 강아지)로 여기니 말이야.

天地之間其猶橐籥乎?

천지의 사이가 마치 큰주머니 피리같지 않아?

虛而不屈, 動而愈出。

비어 있는데, 굽힘이 없고, 움직임은 갈수록 더하잖아.

多言數窮, 不如守中。

말이 많아지면 궁지에 자주 몰리니, (심중) 속에 담고 있는 것만 못한 거야.

- **中 가운데 중**

  가운데, 안, 속, 사이, 진행, 마음, 심중, 내장, 중도, 절반

※ 도덕경 해석 6장

| 도에 대한 비유 3

谷神不死, 是謂*玄牝。

골짜기 신(활짝 열린 마음)은 죽지 않아, 이것을 '현빈(검은 골짜기, 검은 여성성)'이라

고 하자고,

* 玄牝(현빈)은 고요함, 내면의 침묵에서 오는 완전한 수용적 태도 혹은 상태를 비유

적으로 표현한 것으로 볼 수 있다.

玄牝之門, 是謂天地根。

현빈의 문, 이것을 천지의 뿌리(하늘과 땅의 뿌리)라고 하자고,

즉, 현빈의 문에서 모든 것이 생겨난다는 말이야.

綿綿若存, 用之不勤。

끊임없이 존재하는 것 같고, 힘들이지 않고 그것을 쓸 수 있는 것 같아.

※ 도덕경 해석 7장

| 도에 대한 비유 4

天長地久。

하늘과 땅은 오래도록 변함이 없어.

天地所以能長且久者, 以其不自生, 故能長生。

하늘과 땅이 오래도록 변함없을 수 있는 것은, 스스로 살려고(스스로 살아야만 한다는 의지, 의도가 없음) 하지 않기 때문에, 그러므로 오래도록 장생(오래 삶)할 수 있는 것이야.

是以聖人後其身而身先, 外其身而身存。

이런 까닭에 성인(깨달은 사람)은 자신의 몸을 뒤로 함에도, 앞으로 나서게 되고, 그 몸을 밖에 두려 함에도 몸이 보전되는 거야.

非以其無私邪？

그것은 사사롭게 추구함이 없기 때문 아니겠는가? (의도적으로 추구하는 마음이 없음)

故能成其私。

그러한 까닭에, 오히려 그 사사로움을 이룰 수 있게 된다는 거야.

※ 도덕경 해석 8장

| 도에 대한 비유 5

上善若水。

최상의 선은 물과 같아.

水善利萬物而不爭, 處衆人之所惡, 故幾於道。

물은 만물을 잘 이롭게 함에도 다투지 않고, 사람들이 혐오하는 곳에 거처해, 그러므로 '도'에 가까워.

居善地, 心善淵, 與善仁, 言善信, 正善治, 事善能, 動善時。

거처함에 땅을 선으로 삼고, 마음은 깊은 고요를 선으로 삼고, (사람)과 더불어 대함은 인을 선으로 삼고, 말은 신(믿음)을 선으로 삼고, 바름은 다스려짐을 선으로 삼고, 일은 해냄을 선으로 삼고, 행동은 시기(때)를 선으로 삼아.

夫唯不爭, 故無尤。

무릇 다투지 않으니, 그런 까닭에 근심이 없어.

※ 도덕경 해석 9장

| 에고의 특성

持而盈之, 不如其已。

지니며 그것을 채우려고 하는 것은, 그런 (행위를) 멈추는 것만 못한 거야.

* 에고의 특성이 바로 가지고 또 더 가지려고 하는 것이다. 더 많이 더 많이를 추구하는 것 그것이 바로 에고적인 행위이다.

揣而銳之, 不可長保。

두드려서 그것을 날카롭게 하면, 오랫동안 보전할 수가 없어.

金玉滿堂, 莫之能守。

금과 옥이 집에 가득하면, 그것을 지킬 가능성이 없게 돼.

나를 잃어버려도 괜찮아

富貴而驕, 自遺其咎。

부유하고 귀한 신분이라고 할지라도 교만하다면, 스스로 그 허물을 남기게 돼.

功遂身退, 天之道也。

공을 이루고 나면 물러나는 것, 그게 바로 하늘(자연)의 도야.

※ 도덕경 해석 10장

| 에고가 없다는 것

載營魄抱一, 能無離乎。

정신이나 마음을 잘 가꾸어 (몸이라는 수레에) 실어나르듯 하나로 감싸 안아, 무리(흩어지지 않게)할 수 있을까?

專氣致柔, 能嬰兒乎。

오로지 기를 다스려 부드러움의 극치가 되어, 아기(처럼)가 될 수 있을까?

滌除玄覽, 能無疵乎。

씻고 덜어내며 사물의 진상을 꿰뚫어 알게 되어, 무자(결점이 없게) 될 수 있을까?

愛民治國, 能無爲乎。

백성을 사랑하고, 나라를 잘 다스려서, 무위(에고 없이 행함)할 수 있을까?

天門開闔, 能爲雌乎。

하늘에 문을 열고 닫으며, 위자(암컷 됨, 수용, 받아들임) 할 수 있을까?

明白四達, 能無知乎。

밝고 명백하게 세상의 이치에 통하여, 무지(알지 못함)를 이룰 수 있을까?

※ 도덕경 해석 11장

| 에고가 없어져도 괜찮아

三十輻共一轂, 當其無, 有車之用。

30개의 바퀴살이 하나로 합쳐져 수레바퀴가 되니, 그 없음이 바로 수레의 쓰임을 있게 해.

埏埴以爲器, 當其無, 有器之用。

흙을 이기어 그릇이 되게 함은, 그 없음이 바로 그릇의 쓰임을 있게 해.

鑿戶牖以爲室, 當其無, 有室之用。

문과 창을 뚫어 방이 되게 함은, 그 없음이 바로 그 방의 쓰임을 있게 해.

故有之以爲利, 無之以爲用。

그러므로 있음의 이로움이 되게 하는 것은, 그 없음의 쓰임 때문이야.

※ 도덕경 해석 12장

| 에고로 산다는 건

五色令人目盲,

오색이 사람으로 하여금 눈을 멀게 하고,

五音令人耳聾,

오음이 사람으로 하여금 귀를 못듣게 하며,

五味令人口爽,

오미가 사람으로 하여금 입을 손상시켜.

馳騁畋獵令人心發狂, 難得之貨令人行妨。

말 달려 질주하며 사냥하는 것은 사람의 마음으로 하여금 발광하게 하며, 어렵게 얻게 되는 보물은 사람의 행실로 하여금 장애를 만들게 돼.

是以聖人為腹不為目, 故去彼取此。

이런 까닭에 성인은 배를 (중요하게 여기지) 위하지, 눈을 (중요하게 여기지) 위하지 않는다. 그러므로 저것을 버리고, 이것을 취한다는 것이야.

※ 도덕경 해석 13장

| 사랑받고 비난받음, 그리고 걱정과 근심에 대해

人寵辱若驚,

사람은 총애와 치욕을 마치 놀라는 것처럼 여겨.

* 사람은 사랑받음과 비난받음 두 가지에 모두 놀란다.

貴大患若身,

큰 근심을 귀하게 여김이 마치 몸과 같이 여겨.

* 걱정거리와 근심을 모두 자신의 것(소유)으로 여긴다.

何謂寵辱若驚, 寵爲下, 得之若驚, 失之若驚, 是謂寵辱若驚,

총애와 치욕을 놀라는 것처럼 여긴다는 말이 무슨 뜻인가?, 총애는 하찮은 것인데, 그것을 얻으면 놀라고, 그것을 잃어도 놀라. 이런 이유로 총애와 치욕을 마치 놀라는 것처럼 여긴다는 말이야.

* 사랑을 받는 것도, 비난을 받는 것도 사실은 영원한 것이 아니고 '나'라는 것이 있다고 믿기 때문에 의미가 있는 것인데, 이러한 타인의 평판에 일희일비 한다는 것이다.

何謂貴大患若身, 吾所以有大患者, 爲吾有身, 及吾無身, 吾有何患

큰 근심을 몸처럼 귀하게 여긴다는 말이 무슨 뜻인가? 내가 큰 근심이 있다고 여기는 바의 까닭은, 내가 몸이 있다고 여기기 때문이야. 내가 몸이 없다면(아니라면), 내가 무엇을 근심할 수 있겠는가?

* 나라고 불리울 수 있는 '에고'는 실제로 존재하는 것이 아닌 환상에 불과한 것인데, 몸이라는 것도 나의 몸이라는 에고적인 생각일 뿐 그 이상도 아니다. 에고가

없다면, 근심이 없다.

故貴以身於爲天下, 若可寄天下,

그런 까닭에 천하를 위하는 것보다 (자신의) 몸을 귀하게 여긴다면, 천하를 (그에게) 맡길 수 있어.

*愛以身爲天下, 如可以寄天下?

(자신의) 몸으로써 천하를 위하는 것을 즐기는(사랑하는) 자, 어떻게 천하를 (그에게) 맡길 수 있겠어?

* 총애, 치욕, 걱정거리, 근심 등 내면의 세계에서 일어났다가 사라지는 허상일 뿐
  이며, 에고적인 가치일 뿐이다. 천하라는 것도 실제가 아닌 개념에 불과한 것인
  데, 누군가 만일 실제의 몸보다 천하를 귀하게 여긴다고 한다면, 그는 아마도 자
  기 자신의 실상인 몸조차도 제대로 건사하지 못할 것이니 천하를 맡긴다는 것은
  어불성설이다.

• 愛 즐기다, 사랑하다의 뜻으로 쓰임.

※ 도덕경 해석 14장

| 도에 대한 비유 6

視之不見 名曰微。

그것을 보려 하나 보이지 않는 것, 이름하여 말하길 '미'(어렴풋하다)라 해.

聽之不聞 名曰希。

그것을 들으려 하나 들리지 않는 것, 이름하여 말하길 '희'(희미하다)라 해.

搏之不得 名曰夷。

그것을 모으려 하나 얻어지지 않는 것, 이름하여 말하길 '이'(소멸시키다)라 해.

此三者不可致詰, 故混而爲一。

이 세 가지 것은 따질 수 있는 것이 아니야. 그러므로 섞어서, 하나로 여겨.

其上不皦, 其下不昧, 繩繩不可名, 復歸於無物。

그 위는 또렷하지 않고, 그 아래는 어둡지 않으며, 승승(노끈처럼) 연결되는
데, 이름을 붙일 수 없어, 그것은 무물(아무것도 없음)의 상태로 다시 돌아가.

是謂無狀之狀, 無物之象, 是謂惚恍。

이것을 일컬어 형상 없는 형상이라 하며, 아무것도 없음의 모양이라 해.
이것을 말로 표현하여 황홀(흐릿하며 어슴프레)하다고 해.

迎之不見其首, 隨之不見其後。

그것을 맞이하려 하여도 그 머리를 볼 수가 없고, 그것을 쫓아가려 하여도
그 뒤(꼬리)를 볼 수가 없어.

執古之道以御今之有, 能知古始, 是謂道紀。

옛 도를 잡고서 지금의 있음을 다스리는 것이니, 옛날의 시작을 능히 알 수
있어. 이것을 일컬어 도기(도의 실마리)라고 해.

나를 잃어버려도 괜찮아

※ 도덕경 해석 15장

| 에고가 없는 자

古之善爲士者, 微妙玄通, 深不可識, 夫唯不可識, 故强爲之容,

옛 적의 일을 잘하는 사람은, 섬세하고 묘한 것과, 심오한 것에도 통달하여,
(ㄱ) 깊음을 알 수 없을 정도이고, 무릇 비록 인식될 수 없을 것일지라도, 그런
까닭에 억지로 그것을 묘사해 보려 한다면,

* 에고가 없는 자는, 미묘하고 심오한 것을 알아차려, 그 깊이를 알 수 없다. 깊이를
  알 수 없는 것을 굳이 표현해 본다면,

豫焉若冬涉川,

그가 머뭇거리는 것이 마치 얼음이 언 겨울의 강가를 건너는 것 같고,

猶兮若畏四隣,

망설이네!, 마치 사방을 두려워하는 것 같으며,

儼兮其若客,

공손하고 조심하네!, 그 모습이 마치 남의 집에 잠시 머물렀다 떠나는 손님
같고,

渙兮若氷之將釋,

흩어지네!, 마치 얼음이 장차 녹아내리는 듯하며,

敦兮其若樸,

토탑네!(서로의 관계에 인정이 많고 깊다), 그것은 마치 통나무 같으며,

曠兮其若谷,

텅 비었네!, 그것은 마치 계곡 같으며,

混兮其若濁,

흐리네!, 그것은 마치 탁한 것 같아.

孰能濁以靜之徐淸, 孰能安以久動之徐生,

누가 탁함으로써 그것을 고요하게 하고, 천천히 맑아지게 할 수 있는가?

누가 편안함으로써 그것을 오랜도록 움직이게 하며, 천천히 생(자라나게) 할 수 있는가?

保此道者, 不欲盈,

이 도를 가진 사람은, 채우려는 욕구가 없어.

夫唯不盈, 故能蔽不新成。

무릇 비록 채우려 하지 않지만, 그런 까닭에 덮을 수 있으며, 새로 이루어 내지 않아.

※ 도덕경 해석 16장

| 텅 빔, 그리고 침묵 속에서

致虛極, 守靜篤。

허극(비움의 극치)에 이르고, 정돈(고요함을 견실하게)을 지켜.

萬物並作, 吾以觀復。

만물이 함께 만들어지니, 난 (그) 돌아감을 봐.

夫物芸芸, 各復歸其根。

저 만물이 많고 많구나!, 각각 그 뿌리로 돌아가는구나.

歸根曰靜, 靜曰復命,

뿌리로 돌아가는 것을 일컬어 정(고요함)이라 하며, 고요함을 일컬어 복명(운명으로 회귀함)이라 해.

復命曰常。知常曰明,

운명으로 회귀하는 것을 일컬어 상(항상)이라 하고, 변함없는 것을 알아차리는 것을 일컬어 명(밝다)라고 해.

不知常, 妄作凶。

변함없는 것을 알아차리지 못하면, 망령되게 흉(나쁜)을 만들게 될 거야.

知常容, 容乃公,

변함없음을 알면 (모든 것을) 받아들일 수 있게 되고, 받아들일 수 있으면 이에 공정하게 돼.

公乃全, 全乃天,

공정함으로 곧 온전함에 이르고, 온전함은 (비유하자면) 곧 하늘과 같아.

天乃道, 道乃久,

하늘은 (비유하자면) 곧 도와 같고, 도는 곧 오래가니,

沒身不殆。

몸이 죽음에 이를지라도 위태롭지 않을 거야.

※ 도덕경 해석 17장

| 만일, 깨달은 이가 세상에 돌아온다면

太上, *不知有之 ;

제일 높은 경지는 그가 있는지도 모르게 하는 것이고.

* 가장 현명한 지도자는 있는지도 모르겠는 자이며,

* 도덕경 왕필본에는 下知有之로 되어있다. 직역하면, 아래(백성들)에서는 그가 있
  는 것을 안다라는 뜻이고, 그것은 제일 높은 경지는 백성들이 그 지도자가 있다
  는 것 정도만을 안다라는 의미로 볼 수 있다. 그렇기 때문에 下知有之로 보아도
  무방하다.

其次, 親而譽之 ;

그 다음은 그를 친하게 여기고 칭찬하는 하는 것이며,

* 그 다음은 부모같고 찬양을 받는 자이고,

其次畏之 ;

그 다음은 그를 두렵게 여기게 만드는 것이고.

* 그 다음은 두려운 자이며,

其次侮之。

그 다음은 그를 우스꽝스럽게 여기게 만드는 것이야.

나를 잃어버려도 괜찮아

信不足焉,

그에 대해 믿음이 부족하면,

有不信焉。

그에 대한 불신이 있을 것이야.

悠兮, 其貴言,

생각하네, 그 말을 귀하게 여기는 것을,

功成事遂, 百姓皆謂我自然。

공을 이루고, 일이 이루어지면, 백성들은 모두 자기가 스스로 해낸 것이라고 말하네.

* 일반 사람들은 잘되지 않은 일은 남탓을 하고, 잘된 일에는 자신이 잘해서 그렇게
  된 것이라는 에고적 지각 속에 있다는 것을 의미함.

※ 도덕경 해석 18장

| 지금 우리가 찾아야 할 것

大道廢, 有仁義,

큰 도가 쓰이지 못하게 되면, 인과 의가 있게 되고.

慧智出, 有大僞。

지혜가 생겨나면, 큰 거짓이 있게 될 거야.

六親不和, 有孝慈,

육친이 화합하지 못하면, 효와 자애로움이 있게 될 것이고.

國家昏亂, 有忠臣。

국가가 혼란에 빠지면, 충신이 있게 되는 거야.

※ 도덕경 해석 19장

| 세상 사람들이 지혜롭다 여기는 것들

絶聖棄智,

신성하다 여겨지는 것을 끊고, 꾀를 버려.

民利百倍 ;

그럼, 백성에게 이익이 백배가 돼.

絶仁棄義,

어질다고 여겨지는 것을 끊고, 의를 버려.

民復孝慈 ;

그럼, 백성들이 효성과 자애로움을 회복할 거야.

絶巧棄利,

교묘한 물건을 끊고, 이롭다 여기는 개념을 버려.

盜賊無有;

그럼, 도적이 있을 수 없어.

此三者, 以為文不足, 故令有所屬:

이 세 가지는, 몸에 새기듯 실천하기에 부족함이 있기 때문에, 그러한 까닭
에 따를 수 있는 방편을 명하니,

  * 위의 세 가지 사항은 모호하여 실제로 실천하기에 어려움이 있기 때문에, 명료한
    실천 방법을 알려준다는 의미임.

見素抱樸, 少私寡欲。

바탕을 보고, 질박함을 안는 듯, 사사로움을 적게 하고, 욕심을 줄이라는
거야.

  * 본질을 보고, 그 본질과 함께하면, 나라는 에고가 적어지고, 에고로 인해 발생하
    는 욕망이 줄어들 것이라는 뜻.

※ 도덕경 해석 20장

| 삶은 논리가 아니야

絶學無憂。

학문을 끊으면, 근심이 없어.

  * 학문은 생각의 형태, 고정관념, 개념을 만드는 도구일 뿐이다. 그러니 그것을 끊

으면, 근심이 없다. 또한 삶은 논리적이지 않다.

唯之與阿, 相去幾何?

예라고 답하는 것과 응이라고 답하는 것의 사이, 그 거리가 얼마나 될까?

善之與惡, 相去何若?

착함과 악함의 사이, 그 차이가 얼마나 될까?

人之所畏, 不可不畏,

모든 사람이 경외하는 것을 경외하지 않을 수 없네.

荒兮其未央哉!

공허하구나! 그 아직 없어지지 않음이여!

衆人熙熙, 如享太牢, 如春登臺。

다른 사람들은 모두 희희낙낙하여, 마치 잔치를 즐기는 듯, 봄날에 누대에 오른 듯하네.

我獨泊兮其未兆, 如嬰兒之未孩, 儽儽兮若無所歸。

(그런데) 나는 홀로 머무르며 (움직임의) 조짐조차 일어나지 않는 것이, 마치 영아가 아직 옹알이조차 하지 않는 듯하며, 초췌하고 초라하여 마치 돌아갈 곳이 없는 것과 같아.

衆人皆有餘, 而我獨若遺。

다른 사람들은 모두 여유가 있어 보이는 데, 나만 홀로 (뭔가를) 잃어버린 듯해.

我愚人之心也哉！沌沌兮！

나는 바보로구나! 멍하니 있구나!

俗人昭昭, 我獨昏昏 ; 俗人察察, 我獨悶悶。

속인들은 밝게 빛나는 듯, 나 홀로 어둡네. 속인들은 계산적인데, 나 홀로 사리에 어둡네.

澹兮其若海, 飂兮若無止。

고요하구나!, 그것은 마치 바다와 같아. 휘릭휘릭(바람)아!, 어디에도 걸림이 없는 것 같아.

衆人皆有以, 我獨頑似鄙。

다른 사람들은 모두 까닭(이유)이 있어 보이는데, 나만 홀로 완고하니, 마치 촌스러운 것 같네.

我獨異於人, 而貴食母。

나만 홀로 다른 사람들과 다르니, 그저 식모(음식, 실제, 실상)을 귀하게 여길 것이야.

※ 도덕경 해석 21장

| 내 안에 있는 '나'에 대해

孔德之容, 惟道是從。

큰 덕을 묘사해보면, 오직 '도' 이것을 따를 뿐이야.

道之爲物, 惟恍惟惚。

도가 만물을 만들어내는 것은, (마치) 오직 흐릿하고 모호할 뿐인데,

惚兮恍兮, 其中有象,

흐릿하고 모호하네!, 그 안에 형상이 있구나.

恍兮惚兮, 其中有物。

모호하고 흐릿하네!, 그 안에 물질이 있구나.

窈兮冥兮, 其中有精,

고요하고 그윽하네!, 그 안에 정기가 있구나.

其精甚眞, 其中有信。

그 정기가 아주 깊구나, 그 안에 신(믿음, 신뢰)이 있구나.

* 노자가 말하는 '덕–내면관찰' 수행을 거듭하면, 일종의 질적인 도약이 일어난다. 소위 기감을 경험하기 시작하는데, 그때부터 '기'에 대한 의구심은 신뢰로 바뀐다.

自古及今, 其名不去, 以閱*衆甫。

예로부터 지금에 이르기까지, 그 이름이 사라지지 않는 것은, '모든 것의 시작'을 살폈기 때문이야.

* 衆甫(중포) – 무리, 많은 물건 그것의 막, 갓은 시작의 의미로 볼 수 있으니, '모든 것의 시작'으로 해석하였다.

吾何以知衆甫之狀哉, 以此。

내가 어찌 '모든 것의 시작'의 형상을 알겠는가?, 이러한 까닭 때문이야.

나를 잃어버려도 괜찮아

- 衆 무리 중

  무리, 군신, 백관, 많은 물건, 많은 일, 땅, 토지, 장마, 많다

- 甫 클 포, 채마밭 포

  크다, 많다, 겨우, 비로소, 막, 갓, 채소밭, 옛난, 남자 이름 아래 붙이던 미칭, 후에 사람의 자를 가리킴, 남의 아버지에 대한 존칭

※ 도덕경 해석 22장

| 비우면, 채워지는 거야

曲則全, 枉則直,

굽었었기에 온전해지고, 휘었었기에 곧아져.

窪則盈, 幣則新,

웅덩이가 파였기에 채울 수 있는 것이고, 낡게 되었기에 새로워질 수 있어.

少則得, 多則惑,

적으면, 곧 얻게 되고, 많으면, 곧 미혹되어 버려.

是以聖人抱一爲天下式,

이러한 까닭에 성인은 '하나'를 안아, 천하의 법칙으로 삼는 거야.

不自見, 故明,

스스로를 내보이려 하지 않으니, 그런 까닭에 밝게 되고,

不自是, 故彰,

스스로를 옳다 여기지 않으니, 그런 까닭에 드러나고,

不自伐, 故有功

스스로를 내세우지 않으니, 그런 까닭에 공이 있게 돼,

不自矜, 故長,

스스로를 자랑하지 않으니, 그런 까닭에 오래갈 수 있어.

夫唯不爭, 故天下莫能與之爭,

무릇 오직 다투지 않으니, 그런 까닭에 천하에 더불어 다툴 (자) 것이 없어.

古之所謂曲則全者, 豈虛言哉,

예로부터 굽으면 온전해진다는 말이, 어찌 헛된 말이겠는가?

誠全而歸之。

진실로 온전하면 그곳으로 돌아가는 거야.

※ 도덕경 해석 23장

| 침묵에 대해

希言自然。

말을 적게 하는 것이 자연스러워.

故飄風不終朝,

그러므로 회오리 바람은 아침나절 동안 계속되지 않으며,

驟雨不終日。

소나기는 하루 동안 계속 내리지 않아.

孰為此者。

누가 이렇게 하는 것인가?

天地。

하늘과 땅이야.

天地尚不能久,

하늘과 땅도 오히려 계속할 수 없는 것을,

而況於人乎。

하물며 인간은 어떻겠는가?

故從事於道者, 同於道

그러므로 일을 함에 도로써 하는 자는, 도와 같아지고

得者同於得。

얻은 자는 얻음과 같아지며.

失者同於失。

잃은 자는 잃음과 같아져.

同於得者, 道亦得之 ;

얻음과 같아진 자는, 도 역시 그것을 얻고.

同於失者, 道亦失4之。

잃음과 같아진 자는, 도 역시 그것을 잃어버려.

※ 도덕경 해석 24장

| 삶의 계획을 세우지 말라

企者不立,

까치발로 서면, (오래)서 있을 수 없고,

* 계획은 이루어지지 않아. (계획을 세우지 마)

跨者不行。

큰 걸음으로 걸으면, (멀리) 갈 수가 없어.

* 빼앗아 소유하려는 행위 따위는 하지 마.

自見者不明,

스스로를 드러내려 하면, 빛나지 못하고,

自是者不彰,

스스로를 옳다고 여기는 사람은, 드러날 수 없고,

自伐者無功,

스스로를 내세우는 사람은, 공을 세울 수 없고,

自矜者不長。

스스로를 자랑하는 사람은, 오래 갈 수 없어.

其在道也, 曰餘食贅行,

그것들은 도에 있어서, 먹고 남은 밥, 몸의 혹 같은 행동이라고 일컬어지는 것들이야.

物或惡之, 故有道者不處。

(세상) 만물이 그런 것 (쓸데없는 혹 같은 짓)을 싫어해, 그러므로 도를 체득한 사람은 머무르지 않아.

※ 도덕경 해석 25장

| '도', 나도 잘 모르는데… 암튼…

有物混成, 先天地生。

만물이 섞여 있었으니, 하늘과 땅이 생겨나기 전이었어.

寂兮寥兮, 獨立不改,

고요하구나!, 적막하구나!, 변함없이 홀로 서 있구나!

周行以不殆, 可以爲天下母。

지치지 않고 두루 행하니, 천하의 어미로 삼을만 하구나!

吾不知其名, 强字之曰道, 强爲之名曰大。

난 그 이름을 알지 못해. (그래서) 억지로 글자를 만들어 그것을 '도'라고 하였어. 억지로 그것의 개념을 만드니, 그것이 바로 대(크다)야.

大曰逝, 逝曰遠, 遠曰反。

크다는 것은, 서(흐르는 것)의 개념으로 볼 수 있고, 흐르기 때문에 원(멀리까지 미친다)이라 할 수 있으며, 멀리까지 미칠 수 있으니, 곧 반(돌아오다) 할 수 있어.

故道大, 天大, 地大, 王亦大。

그러므로 도는 크고, 하늘도 크고, 땅도 크며, 왕 역시 커.

域中有四大, 而王居其一焉。

영역 안에 4가지 큰 것이 있으니, 그래서 왕은 그 하나에 거하는 거야.

人法地, 地法天, 天法道, 道法自然。

사람은 땅을 법으로 삼고, 땅은 하늘을 법으로 삼으며, 하늘은 도를 법으로 삼고, 도는 스스로 그러함을 법으로 삼아.

나를 잃어버려도 괜찮아

※ 도덕경 해석 26장

| 고요함과 무거움 속에 있다는 것

重爲輕根,

무거움은 가벼움의 뿌리가 되고,

靜爲躁君。

고요함은 시끄러움의 부모이니,

是以聖人終日行

이런 까닭에 성인은 온종일 행함에,

不離輜重。

고요함과, 무거움을 떠나지 않아.

雖有榮觀,

비록 영화로운 것을 보게 됨이 있을지라도,

燕處超然。

편안하게 초연함 속에 존재해.

奈何萬乘之主,

어찌하여 만승의 주인된 자가,

而以身輕天下。

몸으로써 천하를 가벼이 여길 수 있는가?

輕則失本,

가벼우면, (무거움)근본을 잃고,

躁則失君。

씨끄러우면, (고요함)부모를 잃는 거야.

※ 도덕경 해석 27장

| 미묘한 에고에 대해

善行無轍迹,

잘 다니면, 흔적을 남기지 않고.

善言無瑕讁。

잘 한 말은, 허물을 남기지 않아.

善數不用籌策。

잘 된 헤아림은, 주책(이해를 타산한 끝에 생각한 꾀)를 쓸 필요가 없어.

善閉無關楗而不可開,

잘 걸어잠그면, 관건(빗장과 말뚝)이 없어도 열 수가 없고,

나를 잃어버려도 괜찮아

善結無繩約而不可解。

잘 매듭지은 것은, 노끈 다발로 묶지 않아도 풀 수 없어.

是以聖人常善救人, 故無棄人,

이러한 까닭에 성인(깨달은 사람)은 항상 잘 사람을 구해, 그러므로 버려지는 사람이 없어.

常善救物, 故無棄物,

항상 사물을 잘 구하기에, 그러므로 버려지는 사물이 없어.

是謂襲明。

이러한 것을 일러, '빛과 조화를 이룬다'라고 해.

故善人者, 不善人之師。

그러므로 잘하는 사람은, 잘하지 못하는 사람의 스승이 되고,

不善人者, 善人之資。

잘 못하는 사람은, 잘하는 사람에 의지하는 거야.

不貴其師, 不愛其資,

그 스승 됨을 귀하게 여기지 않고, 그 기댐을 사랑으로 대하지 않는다면,

雖知大迷, 是爲要妙。

비록 알더라도 크게 미혹될 수 있으니, 이것을 중요하고 오묘한 것으로 삼아야 해.

※ 도덕경 해석 28장

| 내 안의 남성과 여성

知其雄, 守其雌
그 수컷(남성성)성을 알고, 그 암컷(여성성)성을 지켜서,

爲天下谿。
천하의 시냇물이 되게 해야 해.

爲天下谿,
천하의 시냇물이 되면,

常德不離,
항상 덕이 떠나지 않으니,

復歸於嬰兒。
회복하여, 영아로 돌아갈 수 있어.

知其白, 守其黑,
그 하얀 것을 알고, 그 검은 것을 지키며,

爲天下式。
천하의 법칙이 되게 해야 해.

나를 잃어버려도 괜찮아

為天下式,

천하의 법칙이 되면,

常德不忒,

항상 덕이 어긋나지 않으니,

復歸於無極。

회복하여, 무극으로(극이 없음) 돌아갈 수 있어.

知其榮, 守其辱,

그 영화로움을 알고, 그 욕됨을 지켜,

為天下谷。

천하의 계곡이 되게 해야 한다.

為天下谷,

천하의 계곡이 되면,

常德乃足,

항상 덕이 족하게 되어,

復歸於樸。

다시 바탕으로 돌아가.

樸散則為器,

바탕을 나누어 곧 도구로 삼아,

聖人用之, 則為官長,

성인(깨달은 사람)이 그것을 사용하면, 곧 마을의 우두머리 (정도) 될 거야.

故大制不割。

그래서 크게 만들지, 쪼개지 않는 거야.

※ 도덕경 해석 29장

| 천하를 얻는다는 말장난

將欲取天下而為之,

장차 천하를 얻기 위해서, 그것을 한다면,

吾見其不得已。

내가 보건대, 얻지 못할 거야.

天下神器,

천하는 신기(마음 그릇)이야.

* 천하라는 것은, 그저 '마음이 만든 개념'일 뿐이다.

不可為也。

뭘 할 수 있는 것(얻을 수 있는 것)이 아니야.

為者敗之,

하려고 하는 사람은 그것에 실패할 것이고,

나를 잃어버려도 괜찮아

執者失之。

잡으려 하는 사람은, 그것을 놓치게 될 거야.

故物或行或隨,

그러므로, 만물은 가고 혹은 따르고,

或歔或吹,

불어 나가고, 혹은 불어 들어오고,

或強或羸,

굳세고, 혹은 약하고,

或培或墮。

배양되기도 하고, 혹은 황폐해지기도 해.

* 만물이 생멸(生滅)하는 무상(無常) 즉, 끊임없는 변화의 과정 속에 있다는 것을
  의미.

是以聖人去甚, 去奢, 去泰。

이런 까닭에 성인(깨달은 사람)은 심한 것을 버리고, 사치를 버리고, 정도가 지
나친 것은 버린다는 거야.

※ 도덕경 해석 30장

| 타인을 굴복시키려고 하는 것

以道佐人主者,

도로써, 사람들을 도와 주인이 된 자는,

不以兵強天下。

군사(병사)로써 천하를 강하게 하지 않아.

其事好還。

그 일은 쉽게 돌아와.

師之所處, 荊棘生焉,

군사가 머문 자리는, 그곳에 가시나무가 자라.

大軍之後, 必有凶年。

큰 군사가 지난 후에는, 반드시 흉년이 있어.

善有果而已, 不敢以取強。

잘 이루었으면 멈추고, 감히 강함을 얻으려 하지 않아.

果而勿矜, 果而勿伐, 果而勿驕,

이루어도 자랑하지 않고, 이루어도 떠벌리지 않고, 이루어도 교만하지 않고,

나를 잃어버려도 괜찮아

果而不得已, 果而勿强。

이루어도 어쩔 수 없었다 하고, 이루어도 억지로 시키지 않아.

物壯則老,

만물이 장성하면, 곧 늙는 거야.

是謂不道,

이것을 일러, 도가 아니라고 해.

不道早已。

도가 아닌 것은 일찍 끝나.

※ 도덕경 해석 31장

| 예고가 하는 허망한 일

夫佳兵者, 不祥之器, 物或惡之, 故有道者不處。

무릇 훌륭한 병사라는 것은 상서롭지 못한 도구이니, 만물이 그것을 싫어해. 그러므로 깨달은 사람은 (그것을) 맡지 않아.

君子居則貴左, 用兵則貴右。

어진 사람은 자리잡음에 왼쪽을 귀하게 여기고, 병사를 쓰는 것에는 오른쪽을 귀하게 여겨.

兵者 不祥之器, 非君子之器, 不得已而用之, 恬淡為上。

병사라는 것은 상서롭지 못한 도구이니, 어진사람의 도구로 삼을 수 없으나, 부득이하게 그것을 쓸 뿐인데, 염담 (욕심이 없고 담백함)함을 최고로 여겨.

勝而不美, 而美之者, 是樂殺人。

이겨도 아름답지 않은데, (만약) 아름답다고 여기는 자는, 사람을 죽이는 것을 즐기는 것 같은 거야.

夫樂殺人者, 則不可得志於天下矣。

무릇 사람을 죽이는 것을 즐기는 자는, 곧 천하의 뜻을 얻을 수가 없어.

吉事尚左, 凶事尚右。

길한 일은 오히려 왼쪽으로 (위치)삼고, 흉한 일은 오히려 오른쪽으로 (위치)삼아.

偏將軍居左, 上將軍居右, 言以喪禮處之。

편장(지위가 낮은 장수)은 군의 왼쪽에 자리잡고, 상장(지위가 높은 장수)은 군의 오른쪽에 자리잡아. 말하자면 상례(죽음의 예식)로 그 자리에 거처한 거야.

殺人之衆, 以哀悲泣之, 戰勝以喪禮處之。

사람의 무리를 죽이는 것, 불쌍히 여기며 그것을 슬퍼하고 눈물을 흘려, 전쟁에서 승리했다는 것, 그것은 상례(죽음의 예식)에 처하는 거야.

※ 도덕경 해석 32장

| '도'는 개념이 아니야

道常無名。

도는 항상 이름 붙일 수가 없어.

* 도는 항상 문자로 표현할 수 없다. 도는 '개념'이 아니다. 그저 비유로 표현해 볼
  수 있는데,

樸雖小, 天下莫能臣也。

순박하고 비록 작지만, 천하가 (그것을) 신하로 삼을 수가 없어.

侯王若能守之, 萬物將自賓。

제후와 왕이 만약 그것을 지켜낼 수 있으면, 만물이 장차 스스로 따르려 할
거야.

天地相合, 以降甘露, 民莫之令而自均。

하늘과 땅이 서로 합해지니, 감로(달콤한 이슬)가 내리는 듯, 백성들은 명령을
내리지 않아도 스스로 질서를 잡아.

始制有名, 名亦既有, 夫亦將知止, 知止所以不殆。

옛날에 유명(이름 있음, 언어, 개념)을 만드니, 이름(언어, 개념)은 다만 그러는 동안
있을 뿐이니, 무릇 다만 장차 멈출 줄 알아야 할 뿐이야. 멈출 줄 알면, 위태롭
지 않아.

譬道之在天下, 猶川谷之於江海。

도가 천하에 있는 것을 비유하면, 마치 내와 계곡의 물이 강과 바다에 이르

는 것과 같은 거야.

※ 도덕경 해석 33장

| 에고로 판단하면

知人者智, 自知者明。

타인을 아는 사람은 슬기롭고, 자신을 아는 사람은 밝다고 해.

勝人者有力, 自勝者強。

타인을 이기는 사람은 힘이 있고, 자신을 이기는 사람은 강하다고 해.

知足者富, 強行者有志, 不失其所者久, 死而不亡者壽。

만족을 아는 사람을 부유하다고 하고, 강하게 행하는 사람은 뜻이 있다고 해, 그곳을 잃지 않는 사람은 오래가고, (몸이) 죽어도 잃지 않는 사람의 목숨은 길어.

※ 도덕경 해석 34장

| 사랑에 대해

大道氾兮, 其可左右。

큰 도는 넘치네~!, 왼쪽에도 오른쪽에도.

나를 잃어버려도 괜찮아

萬物恃之以生而不辭, 功成不名有。

만물이 그것에 의지하여 태어나지만, 말하지 않고, 공을 이루어도 이름이 없어.

衣養萬物而不為主, 常無欲, 可名於小 ;

만물을 입히고 기르지만, 주인노릇 하려 하지 않고, 항상 무욕(하고자 함이 없으니)하니, 작다고 이름(언어, 글자로 표현) 할 수 있어.

萬物歸焉, 而不為主, 可名為大。

만물이 그곳으로 돌아오는데, 주인노릇 하려 하지 않으니, '큰 것에 속하다'라고 이름(언어, 글자로 표현) 할 수 있어.

以其終不自為大, 故能成其大。

그것은 끝까지 스스로 크다라고 하지 않으니, 그러므로 그 큼을 이룰 수 있어.

※ 도덕경 해석 35장

| 사람들은 몰라

執大象, 天下往 ; 往而不害, 安平泰。

커다란 형상(형태가 없는 형상)을 맡아 다스리니, (그리고) 천하가 나아가네. 나아감에 방해받지 않고, 바르고, 너그럽고, 즐겁네.

樂與餌, 過客止。

노래부르고, 음식을 주니, 지나가던 손님들이 (발걸음을) 멈추네.

道之出口, 淡乎其無味, 視之不足見, 聽之不足聞, 用之不足既。

도, 그것이 입에서 나오면, 담백하네! 아무 맛도 없을 거야. 그것을 보려고 해도, 보여지지 않고, 그것을 들으려고 해도, 들려지지 않고, 그것은 써도 다하지 않아.

※ 도덕경 해석 36장

| 숨은 밝음 혹은 지략에 대해

將欲歙之, 必固張之 ;

장차 그것을 거두려 한다면, 반드시 거듭 그것을 베풀어야 하고,

* 장차 그것을 거두기 위해, 거듭하여 그것을 베푸는 척하고,

將欲弱之, 必固強之 ;

장차 그것을 약하게 하려면, 반드시 거듭 그것을 강하게 하여야 하며,

* 장차 그것을 약하게 하기 위해, 거듭하여 그것을 강하게 해주고,

將欲廢之, 必固興之 ;

장차 그것을 쇠퇴시키려 한다면, 반드시 거듭 그것을 창성하게 해야 하며,

* 장차 그것을 쇠퇴시키려고, 거듭하여 그것을 창성하게 해주며,

將欲奪之, 必固與之。

장차 그것을 빼앗으려 한다면, 반드시 거듭 그것을 주어야 해.

* 장차 그것을 빼앗기 위해, 거듭하여 그것을 주는 척하는 것.

나를 잃어버려도 괜찮아

是謂微明, 柔弱勝剛強。

이것을 일컬어, 미명 (어렴풋한 밝음)이라고 해. 부드럽고 약한 것이 굳세고 강한 것을 이기는 거야.

　* 이러한 것을 숨은 밝음 혹은 지략이라고 할 수 있다. 분명코, 부드럽고 약한 것이
　　굳세고 강한 것을 이기게 되는 것이니까 말이다.

魚不可脫於淵, 國之利器不可以示人。

물고기는 못을 벗어나게 해서는 안 되고, 국가의 이로운 도구는 사람들에게 보여주면 안 되는 거야

　* 물고기가 못을 벗어나면 생명을 잃는 것처럼, 사람들에게 욕심을 일으키고, 이익
　　이 되는 뭔가를 보여주는 것은 그 사람의 생명을 빼앗기 위한 것과 같은 것이다.

※ 도덕경 해석 37장

　| 의도와 목적이 없이 행한다는 것에 대해 1

道常無爲而無不爲。

도는 항상 무위(에고없이 행함)함에, 하지(되지) 못함이 없어.

侯王若能守之, 萬物將自化 ;

제후와 왕이 만약 그것을 지킬 수 있다면, 만물은 장차 스스로 따르게 될 거야.

化而欲作, 吾將鎭之以無名之樸 ;

따르게 하고 그리고 (그렇게) 만들고자 한다면, 나는 장차 그것을 무명의 복

(이름없는 바탕)으로써 진정시킬거야.

無名之樸, 夫亦將不欲 ;

이름없는 바탕, 다만 장차 하고자 하지 않을 뿐이야.

不欲以靜, 天下將自定。

하고자 함 없이 고요하면, 천하는 장차 스스로 다스려질 거야.

※ 도덕경 해석 38장

| 의도와 목적이 없이 행한다는 것에 대해 2

上德不德, 是以有德 ; 下德不失德, 是以無德。

높은 덕은 덕이라고 하지 않으니, 이런 까닭에 덕이 있고, 낮은 덕은 덕을 잃지 않으니(덕을 내세우니), 이런 까닭에 덕이 없어.

上德無為而無以為, 下德為之而有以為。

높은 덕은 무위(에고 없이 행함)하고 무엇을 하려는 (목적, 의도) 까닭이 없고, 낮은 덕은 그것을 하려고 하고 무엇을 하려는 까닭이 있는 거야.

上仁為之而無以為。

높은 인은 그것을 하려 하지만, 하려는 (목적, 의도) 까닭이 없어.

上義為之而有以為。

높은 의는 그것을 하려 하지만, 하려 하는 (목적, 의도) 까닭이 있어.

上禮爲之而莫之應則攘臂而仍之。

높은 예절은 그것을 하려 하나, 응하지 않으면, 곧 팔을 걷어 올리고, 그것에 따르게 해.

故失道而後德, 失德而後仁, 失仁而後義, 失義而後禮。

그러므로 도를 잃으면, 나중에 덕으로, 덕을 잃으면 나중에 인으로, 인을 잃으면 나중에 의로, 의를 잃으면 나중에 예절로….

夫禮者, 忠信之薄而亂之首也；前識者, 道之華而愚之始也。

무릇 예절이라는 것은, 공변됨과 신뢰가 적어져 그것이 어지러워지면 나타나는 것이야. 앞서 안 사람은, 도를 화려한 (어떤 것으로 여김)이 어리석은 마음의 시작이라는 것을 알아.

是以大丈夫處其厚, 不處其薄；處其實, 不居其華。故去彼取此。

이러한 까닭에 대장부는 그 두터움에 처하며, 그 얄팍함에 처하지 않고, 그 열매를 쌓지, 그 화려함을 쌓지 않아. 그러므로 저것을 버리고 이것을 취하는 거야.

※ 도덕경 해석 39장

| 자유롭게 산다는 것에 대해

昔之得一者,

옛날에 하나를 얻는다는 것은,

天得一以淸, 地得一以寧, 神得一以靈, 谷得一以盈, 萬物得一以生, 侯王得一以爲天下貞, 其致之一也,

하늘은 하나를 얻음으로써 맑아지고, 땅은 하나를 얻음으로써 편안해지며, 신은 하나를 얻음으로써 영험해지고, 계곡은 하나를 얻음으로써 채워지고, 만물은 하나를 얻음으로써 태어나며, 제후와 왕이 하나를 얻으면 천하를 곧 바르게 다스리게 되는 것이니, 그 하나에 이르게 되는 것이야.

天無以淸, 將恐裂, 地無以寧, 將恐發, 神無以靈, 將恐歇, 谷無以盈, 將恐竭, 萬物無以生, 將恐滅, 侯王無以貴高, 將恐蹶,

하늘이 맑을 수 없다면, 장차 아마도 쪼개질 것이고, 땅이 편안할 수 없다면, 장차 아마도 들춰질 것이며, 신이 영험할 수 없다면, 장차 아마도 다하게 될 것이며, 계곡이 채워질 수 없다면, 장차 아마도 마르게 될 것이고, 만물이 태어나질 수 없다면, 장차 아마도 멸하게 될 것이며, 제후와 왕이 귀하고 높을 수 없다면, 장차 아마도 거꾸러지게 될 것이야.

故貴以賤爲本, 高以下爲基, 是以侯王自謂孤寡不穀 此非以賤爲本邪, 非乎

그러므로 귀함은 천한 것으로 근본을 삼고, 높음은 아래를 기초로 삼으니, 이런 까닭에 제후나 왕은 스스로를 칭할 때, 고(고아), 과(의지할 사람이 적은 사람), 불곡(자식이 없는 사람)이라고 해. 이것이 바로 천한 것으로 근본을 삼는다는 것 아니겠는가?

故致數輿無輿,

그러므로 지극한 등급의 명예는, '명예 없음'이야.

不欲琭琭如玉, 珞珞如石。

옥처럼 귀하게 되려고 하지 말고, 돌처럼 굴러 다니길….

※ 도덕경 해석 40장

| 있음과 없음, 없음과 있음에 대해

反者道之動, 弱者道之用。

돌아옴, 그것이 도의 움직임이고, 약함, 그것이 도의 쓰임이야.

天下萬物生於有, 有生於無。

천하의 만물은 있음에서 태어나고, 있음은 없음에서 태어나.

※ 도덕경 해석 41장

| 의식의 수준에 대해

上士聞道, 勤而行之 ;

(의식 수준)이 높은 선비가 도를 들으면, 근면하게 그것을 행해.

中士聞道, 若存若亡 ;

중간 수준의 선비가 도를 들으면, 있는 듯 없는 듯 여겨. (긴가민가해)

下士聞道, 大笑之,

낮은 수준의 선비가 도를 들으면, 그것을 비웃어.

不笑不足以為道！

비웃게 되지 않으면, 도로 삼기에 부족한 거야.

故建言有之 :

그러므로, 언어로 개진하여(말로 만들어) 그것을 표현한다면,

明道若昧, 進道若退, 夷道若纇, 上德若谷, 大白若辱, 廣德若不足,

밝은 도는 마치 어두운 것 같고, 나아가는 도는 마치 물러나는 것 같으며, 평평한 도는 마치 울퉁불퉁한 것 같아. 높은 덕은 마치 계곡과 같고, 큰 진솔함은 마치 욕됨과 같으며, 넓게 두루두루 베푸는 것은 마치 부족한 것 같아.

建德若偸, 質眞若渝, 大方無隅, 大器晩成, 大音希聲, 大象無形,

베품을 일으키는 것은 마치 탐하는 것 같고, 본질적 진실은 마치 바뀌는 듯해(고정되지 않음). 큰 네모는 모서리가 없고, 큰 그릇은 늦게 이루며, 큰 소리는 소리가 드물며(희미함), 큰 형상은 형태가 없어.

  * 에고는 항상 고정된 어떤 (생각의) 틀 속에 있기 때문에, 형상을 벗어난 언어적인 표현을 통하여 에고라는 환상을 깨뜨리려는 의도이다.

道隱無名,

도는 숨어 있어서 이름이 없어(언어로 형용할 수 없어).

夫唯道, 善貸且成。

무릇 오직 '도'만이, 잘 빌려주고 또한 이뤄내는 거야.

나를 잃어버려도 괜찮아

※ 도덕경 해석 42장

| 이익과 손해에 대해

道生一, 一生二,

도가 하나를 생기게 하고, 하나는 둘을 생겨나게 해.

二生三, 三生萬物。

둘은 셋을 생겨나게 하고, 셋은 만물을 생겨나게 해.

萬物負陰而抱陽,

만물은 음을 짊어지고, 양을 껴안고 있어.

沖氣以爲和。

텅 빈 기운으로 조화를 이뤄. (형상 없는 형상에서 만물이 생겨나.)

人之所惡, 唯孤寡不穀,

사람들이 싫어하는 것, 생각건대 고(외롭고), 과(의지할 곳이 없고), 불곡(자식이 없는 것)일 것인데,

而王公以爲稱。

그런데 왕이나 제후들이 그렇게 (스스로를) 호칭해.

故物或損之而益,

그러므로 만물에는 혹은 그것이 손해인 듯하나 이익인 경우가 있고,

或益之而損。

혹은 그것이 이익인 듯 하나 손해인 경우도 있으니,

人之所教, 我亦教之 :

사람이 본받는 바의 것은, 나 역시도 그것을 본받는데,

強梁者不得其死,

직역 : 강한 들보(나무다리 같은) 사람은 그 죽음을 얻지 못하니,

* 의역 : 강하고 억센 사람은 (에고)의 죽음을 얻지 못하니,

* 일반적인 해석 : 강한 들보 같은 사람은 제 명에 죽지 못한다.

吾將以為教父。

내가 장차 가르침의 근본으로 삼을 것이야.

※ 도덕경 해석 43장

| 침묵의 가르침에 대해

天下之至柔, 馳騁天下之至堅,

천하의 지극한 유약함(부드러움)으로 천하의 지극히 단단함을 달려 이르게 하며, (다스린다)

無有入無間,

있지 않음(형상 없음)이 틈이 없는 곳으로 들어간다.

* 나타나지 않음과 나타남이 무간(차별 없음, 구별 없음, 틈이 없음)으로 들어가니,

나를 잃어버려도 괜찮아

吾是以知無為之有益。

나는 이러한 까닭에 함이 없음(에고 없이 행함)의 유익을 안다.

不言之教, 無為之益,

말 없는(언어를 사용하지 않는 침묵) 가르침, 함이 없음(에고 없이 행함)의 이익,

天下希及之。

천하에 그것에 미치는 것이 드물다.

※ 도덕경 해석 44장

| 무엇이 더 중요한가?

名與身孰親,

명분과 몸 무엇이 가까운가?

身與貨孰多,

몸과 재물 무엇을 더 중히 여기는가?

得與亡孰病?

얻음과 잃음 무엇이 손해인가?

是故甚愛必大費,

이러한 까닭에 지나친 사랑은 반드시 큰 비용이 들고,

多藏必厚亡。

많이 감추면(모으면) 반드시 크게 잃을 거야.

知足不辱,

만족을 알면 욕되지 않고,

知止不殆,

그침을 알면 위태롭지 않으니,

可以長久。

오래 갈 수 있어.

※ 도덕경 해석 45장

| 내면의 맑음과 고요함으로

大成若缺, 其用不敝 ;

크게 이룬 것은 마치 모자란 듯하지만, 그 쓰임에 해짐이 없고,

* 도구를 써서 진실로 잘 만들어진 것은 마치 어딘가 결점이 있는 듯 하지만, 사용함에 해짐이 없다.

大盈若沖, 其用不窮。

크게 채워진 것은 마치 빈 것 같으나, 그 쓰임에 다함이 없어.

* 실로 무한하게 채워진 것은 오히려 텅 빈 것 같지만, 그것을 사용함에 다함이 없다.

나를 잃어버려도 괜찮아

大直若屈,

심히 곧은 것은 마치 구부러진 것 같고,

大巧若拙,

뛰어난 책략은 마치 어리석은 것 같으며,

大辯若訥。

훌륭한 변론은 마치 말을 잘하지 못하는 것 같아.

躁勝寒,

조바심으로 추위를 이기고,

* 분주함으로 추위를 이기게 하고,

靜勝熱,

고요함으로 더위를 이겨내듯,

清靜為天下正。

(내면의) 맑음과 고요함으로 천하를 바르게 해.

※ 도덕경 해석 46장

| 만족을 아는 만족

天下有道, 卻走馬以糞 ;

천하에 도가 있으면, 말 달리는 것을 그치고, (말 똥으로) 거름을 주게 돼.

* 에고가 없으니, 얻어야 할 것도 없고, 전쟁도 없다. 그러므로 말은 말로 존재하며, 말의 똥으로 거름을 주는 자연스러운 상태가 된다.

天下無道, 戎馬生於郊。

천하에 도가 없으면, 싸움 수레의 말들이 들에서 (말을) 낳게 돼.

* 에고가 있으니, 얻어야 할 대상이 생겨나고 전쟁이 있다. 그러므로 말은 싸움 수레를 몰게 되며, 자연스러운 상태를 잃어버린다.

禍莫大於不知足,

만족함을 모르는 것보다 더 큰 재앙은 없고,

咎莫大於欲得。

얻고자 하는 것보다 더 큰 허물은 없으니,

故知足之足, 常足矣。

그러므로 만족을 아는 만족은, 항상 만족해.

※ 도덕경 해석 47장

| 우리가 실제로 살고 있는 곳은 내면이야

不出戶, 知天下,

집을 나서지 않을지라도, 세상을 알며,

나를 잃어버려도 괜찮아

不窺牖, 見天道。

창밖을 엿보지 않아도, 하늘의 도를 보니,

其出彌遠, 其知彌少。

그 두루두루 멀리까지 나가는 것으로는, 그 앎이 더욱 적을 것이야.

是以聖人不行而知,

이런 까닭에 성인(깨달은 사람)은 다니지 않아도 알고,

不見而名, 不爲而成

보지 않아도 이름 지으며, 하지 않아도 이루어 내.

※ 도덕경 해석 48장

| 덜어내고 또 덜어내면

爲學日益,

학문을 배우면 날로 더해지고,

爲道日損。

도를 배우면 날로 덜어져.

損之又損,

그것은 덜어지고 또 덜어지는데,

以至於無為。

그로써, 무위(에고없이 행함)에 이를 거야.

無為而無不為。

무위(에고 없이 행함)로 하면, 그럼에도 되지 않음이 없어.

取天下常以無事,

천하를 얻음에 항상 일이 없음(에고적 목적을 가지고 뭔가를 하는 행위가 없음)으로 해
야 해.

及其有事,

그 일이 있음(에고적 목적을 가지고 뭔가를 하는 행위가 있음)에 이르면,

不足以取天下。

천하를 얻기에 부족한 이유가 될 거야.

※ 도덕경 해석 49장

| 깨달은 이가 존재하면

聖人無常心, 以百姓心為心。

성인은 일정한 (고정된) 마음이 없는데, 그 이유는 백성(수많은 사람)의 마음으
로 (자신의) 마음 삼기 때문이야.

　　　　　　　　　　　　　　나를 잃어버려도 괜찮아

善者吾善之, 不善者吾亦善之, 德善。

선한 사람을 나는 그를 선하다고 여기고, 선하지 않은 사람 역시 나는 그를
선하다고 여기어, 선을 크게 해.

信者吾信之, 不信者吾亦信之, 德信。

믿음직한 사람을 나는 그를 믿음직하다고 여기는데, 믿음직하지 못한 사람
역시도 나는 그를 믿음직하다고 여기어, 믿음직함을 크게 해.

聖人在天下歙歙, 為天下渾其心。

성인(깨달은 이가)이 세상 속에 숨쉬고 있으며(존재하며), 천하를 위해 그 마음을
(섞어서) 순수하게 해.

百姓皆注其耳目, 聖人皆孩之。

백성이 모두 그 눈과 귀로 주의를 모으면, 깨달은 이는 그들을 모두 어린아
이처럼 달래줘(사랑한다).

※ 도덕경 해석 50장

| 죽을 곳이 없다

出生入死。

삶으로 나옴 (그리고) 죽음으로의 들어감.

生之徒十有三 ; 死之徒十有三,

삶의 무리는 열에 셋이고, 죽음의 무리도 열에 셋인데,

人之生, 動之死地, 亦十有三。

백성의 삶은, 사지(죽을 곳)로 움직이니, 역시 또한 열에 셋이야.

夫何故？以其生生之厚。

무릇 어찌 그런 것이냐? 그 생을 두텁게(집착) 살려고 하기 때문이야.

蓋聞善攝生者,

잘 생(삶)을 다스리는 사람에게 물어보니,

陸行不遇兕虎,

육지에서 다녀도 외뿔소, 호랑이를 우연히라도 만나지 않고,

入軍不被甲兵；

군에 들어가서도, 갑옷을 입는 병사가 되지 않는다는 거야.

兕無所投其角,

외뿔소가 그 뿔로 뛰어들 곳이 없고,

虎無所措其爪,

호랑이가 그 발톱으로 해칠 곳이 없으며,

兵無所容其刃。

병사가 그 칼날로 받아들이게 할 곳이 없어.

夫何故？以其無死地。

어찌 그러한 것인가? 그 사지(죽을 곳)가 없기 때문이야.

나를 잃어버려도 괜찮아

※ 도덕경 해석 51장

| 고요한 의도에 대해

道生之, 德畜之, 物形之, 勢成之。

도(참나)가 그것을 낳고, 덕(순수한 의도)이 그것에 쌓여서, 물(변별, 지각)이 그것을 형상짓고, 세(시기가 되면)가 그것을 이루게 해.

是以萬物莫不尊道而貴德。

이러한 까닭에, 만물에 있어 도를 소중히 여기지 않음이 없고, 덕을 귀하게 여기지 않음이 없어.

道之尊, 德之貴, 夫莫之命而常自然。

도 그것을 소중히 여김, 덕 그것을 중요하게 여기는 것, 무릇 그렇게 하라고 명령함에 있지 않으며, (그것은) 항상 스스로 그러한 것이야.

故道生之, 德畜之, 長之育之, 亭之毒之, 養之復之 ;

그런 까닭에 도는 그것을 낳고, 덕이 그것에 모여서, 그것을 자라게 하고, 그것을 기르며, 그것을 균형잡히게 하고, 그것을 고치는 거야. 그것을 치유하고, 그것을 회복해.

生而不有, 為而不恃, 長而不宰, 是謂玄德。

살게하나 소유하지 않고, 행하지만 자부하지 않고, 기르지만 주관하지는 않아. 이것을 일러 현덕(고요한 의도)이라고 해.

* 현덕 (침묵 고요한 상태에서 스스로 그러하게 나오는 의도)

※ 도덕경 해석 52장

| 변함 없는 것을 알아차린다면

天下有始以爲天下母。

온 세상에 혹 시작이 있어, (그것)으로서 온 세상 어머니로 여긴다면,

* 나는 무엇일까?에 대해 안다면, 그것으로 인해, '나'에 대해 알고, 그것으로 '나
아닌 것'에 대해 알게 된다. '나 아닌 것'이 무엇인지 알았으니, 진실로 '나'를 안
다. 진실로 '나'를 깨닫게 되면, '나 아닌 것'의 죽음에 초연해지며, 위태로움은 사
라진다.

旣得其母, 以知其子 ; 旣知其子, 復守其母, 沒身不殆。

이미 그 어머니가 분명해졌으니, 그로써 그 자식을 알고, 이미 그 자식을
알았으니, 다시 그 어머니를 지킬 수 있게 되어, 몸이 죽을지라도, 위태롭지
않게 돼.

塞其兌, 閉其門, 終身不勤。

그 구멍(오감)을 막고, 그 문을 닫으면, 죽을 때까지 근심이 없고,

開其兌, 濟其事, 終身不救。

그 구멍(오감)을 열고, 그 일들을 도우려 한다면, 죽을 때까지 도울 수 없어.

見小曰明, 守柔曰強。

작음(예고)을 보는 것을 일컬어, 밝음이라 하고, 부드러움을 지키는 것을 일
컬어, 강함이라고 해.

나를 잃어버려도 괜찮아

用其光, 復歸其明, 無遺身殃, 是謂習常。

그 (내면의) 빛을 사용하여, 다시 그 밝음으로 돌아와서, 몸에 재앙을 남기지 않는 것, 이것을 일러 '습상 - 변함없음을 익힌다'라고 해.

※ 도덕경 해석 53장

| 잠시라도 앎 속에 있을 수 있다면

使我介然有知, 行於大道, 唯施是畏。

나로 하여금 잠시 동안 앎 속에 있게 해 준다면, 대도(큰 도)에서 다니며, 오직 이 경외함으로 실행할 거야.

* 나에게 잠시 동안일지라도 앎 속에 있게 해준다면, 경외하는 마음으로 '큰 도'를 실천할 것이다.

大道 甚夷, 而民好徑。

대도(큰 도)는 심히 평평한데, 그런데도 백성(사람)들은 지름길을 좋아해.

* 큰 길은 아주 평평한데, 그럼에도 사람들은 지름길을 좋아한다.

朝甚除田甚蕪, 倉甚虛, 服文綵, 帶利劍, 厭飲食, 財貨有餘,

조정이 지나치게 (벼슬)을 임명하여, 밭은 대단히 황폐해지고, 창고는 심히 텅 비는데, 의복은 무늬 있는 비단옷에, 날카로운 검을 차고, 음식은 물리고, 재물은 남음이 있다면,

是謂盜夸。

이것을 일러, 도둑질을 자랑한다고 해.

非道也哉！

(이런 것은) 도가 아닐 거야~!

※ 도덕경 해석 54장

| 나를 알게 되면

善建者不拔, 善抱者不脫, 子孫以祭祀不輟,

훌륭하게 세운 것은 뽑히지 않고, 잘 감싼 것은 벗겨지지 않아. 자식과 손자가 해마다 보답함이 끊기지 않게 돼.

* 훌륭하게 설계된 도로는 기울어지지 않듯, (내면에) 잘 품은 것은 잃어버릴 수 없다. 그것을 잃지 않는다면, (알아차림과 평정심) 자식과 손자들이 매년마다 그것을 끊임없이 보답할 정도일 것이다.

修之於身, 其德乃眞,

그것을 자신(몸)에서 수행하면, 그 덕(알아차림)이 비로서 명료해지고,

* 자신의 육체와 정신으로, 감각의 알아차림과 평정심을 수행하면, 알아차림은 명료해지기 시작한다.

修之於家, 其德乃餘,

그것을 가정에서 수행하면, 그 덕(알아차림)이 비로소 여분이 있게 되며,

修之於鄉, 其德乃長,

그것을 마을에서 수행하면, 그 덕(알아차림)이 비로소 자라나게 되고,

修之於國, 其德乃豊,

그것을 나라에서 수행하면, 그 덕이 비로소 가득해지며,

修之於天下, 其德乃普,

온 세상에서 그것을 닦으면, 그 덕이 비로소 두루 미치게 돼.

故以身觀身, 以家觀家, 以鄕觀鄕, 以國觀國, 以天下觀天下,

그런 까닭에 내 자신으로 내 자신을 보고, 가정으로써 가정을 보고, 마을로
써 마을을 보며, 국가로서써 국가를 보고, 온 세상으로써 온 세상을 보는 거야.

  * 나를 알았으니, 너를 알게 되고, 너를 알았으니, 그들을 알게 되며, 그들을 알았으
    니, 온 세상 사람들을 알게 되는 것이다.

吾何以知天下然哉, 以此。

내가 어찌 온 세상이 그렇다는 것을 알겠는가? 이러한 까닭이야.

※ 도덕경 해석 55장

| 갓난아기처럼 존재한다면 (자연스러운 호흡)

含德之厚, 比於赤子。

덕 그것을 두텁게 머금는다는 것은, 비유하면 갓난아기와 같을 거야.

毒蟲不螫, 猛獸不據, 攫鳥不搏。

독이 있는 벌레가 쏘지 않고, 사나운 짐승이 움켜지 않으며, 움키려는(사나
운) 새가 잡으려 하지 않아.

骨弱筋柔而握固。

뼈는 약하고, 근육은 부드러우나, 단단하게 (손아귀)로 쥐어.

未知牝牡之合而全作, 精之至也 ; 終日號而不嗄, 和之至也。

아직 암컷과 수컷의 합(짝)이 되는 것을 알지는 못하지만, 온전한 (작품처럼) 만들어진 것(존재하는 것)은, 깨끗한 기운 그것의 지극함(때문)이며, 종일 울지만 목(목구멍)이 메이지(쉬지) 않는 것은 조화로움 그것의 지극함(때문)이야.

知和曰常, 知常曰明, 益生曰祥, 心使氣曰强。

조화로움을 아는 것을 상(항상)이라고 말하고, 상(항상)을 아는 것을 밝음이라고 말하며, 삶을 풍부하게 하는 것을 상(상서롭다)이라 말한다면, 마음으로 숨을 (자연스럽지 않게 의도대로) 부리려고 하는 것을 강(억지로 함)이라고 말해야 할 거야.

物壯則老, 是謂不道, 不道早已。

(그렇듯) 만물이 단단해진다는 것은 곧 늙는다는 것이니, 이를 일컬어 도가 아니라고 해. 도가 아니면 일찍 끝날 뿐이야.

※ 도덕경 해석 56장

| 가까워지려 하지 않으면 멀어질 수도 없어

知者不言, 言者不知。

아는 사람은 말하지 않고, 말하는 사람은 알지 못해.

나를 잃어버려도 괜찮아

塞其兌, 閉其門,

그 구멍(오감)을 막고, 그 문을 닫아걸어.

挫其銳, 解其紛,

그 날카로움을 꺾고, 그 엉클어진 것(매듭)을 풀어.

和其光, 同其塵,

그 빛과 서로 응하며, 그 티끌과 함께해.

是謂玄同。

이것을 현동(내면의 고요함과 같아짐)

故不可得而親, 不可得而疏,

그런 까닭에 그대에게 가까이하려 하지 않는다면, 그대에게 멀어질 수 없고,

* 그대의 친함을 얻으려 하지 않으면, 그대의 소원함을 얻을 수 없고,

不可得而利, 不可得而害,

그대에게 이익을 얻으려 하지 않는다면, 그대에게 손해를 얻게 할 수 없으며,

* 그대의 이익을 얻으려 하지 않으면, 그대의 손해도 얻을 수 없으며,

不可得而貴, 不可得而賤,

그대에게 귀하게 여겨짐을 얻으려 하지 않는다면, 그대에게 천하게 여겨짐을 얻게 할 수 없어.

* 그대의 귀함을 얻으려 하지 않으면, 그대의 천함을 얻을 수도 없다.

故爲天下貴。

그런 까닭에 온 세상에서 귀하게 생각하는 거야.

※ 도덕경 해석 57장

| 에고 없이 일한다는 것

以正治國, 以奇用兵, 以無事取天下。

나라를 다스림에 올바름(세금)을 가지고 하고, 전쟁(싸움)을 할 때는 속임수를 가지고 한다면, 온 세상을 얻으려면 무사(에고적 목적과 의도없이 일을 해나아감)로 해야 할 거야.

吾何以知其然乎？以此 :

내가 어찌 그것이 그러하다는 것을 알겠는가? 이로써야. (이것으로 비추어 보았기 때문이야.)

天下多忌諱, 而民彌貧 ;

온 세상에 꺼리고 싫어할 것(세금, 노역, 부역)이 많아지면, 그러면 백성들은 더욱 가난해지고,

民多利器, 國家滋昏 ;

백성들에게 날카로운 도구(무기)가 많다면, 국가의 혼란이 잦으며,

人多技巧, 奇物滋起 ;

사람들에게 기교(교묘한 기술)가 많다면, 기이한 물건들이 생겨나는 것이 증가

하고,

法令滋彰, 盜賊多有。

법과 명령이 분명하게 많아진다면, 도적이 많이 생겨.

故聖人云 :

그런 까닭에 성인(깨달은 사람)이 말하길,

我無為而民自化,

내가 무위(에고 없이 행함)하니, 백성이 저절로 변화(교화)되고

* 참나가 무위(에고 없이 행함)하니, 나(에고)는 교화되고,

我好靜而民自正,

내가 고요함을 좋아하니, 백성이 저절로 올바르게 되었으며

* 참나가 진실로 고요하니, 나(에고)는 스스로 올바르게 되며,

我無事而民自富,

내가 무사(에고적 목적을 가지고 행함이 없음)하니, 백성이 저절로 부유하게 되었고,

* 참나가 무사(에고적 목적 없이 행함)하니, 나(에고)는 스스로 행복해지며,

我無欲而民自朴。

내가 무욕(에고적 욕망이 없음)하니, 백성이 저절로 순박하게 되었어.

* 참나가 무욕(에고적 욕망이 없음)하니, 나(에고)는 스스로 자연 그대로의 순박함을 드
  러내게 되었다.

※ 도덕경 해석 58장

其政悶悶, 其民醇醇；其政察察, 其民缺缺。

그 다스림이 아주 어수룩하다면, 그 백성들은 순박하고 순수해지고, 그 다스림이 너무 자세하게 살핀다면, 그 백성들은 부족하고 모자라게 될 거야.

禍兮福之所倚, 福兮禍之所伏。

재앙(화)~! 복 그것이 의지하는 바의 것이며, 복~! 재앙(화) 그것이 감추어진 바의 것이야.

孰知其極？其無正。

누가 그 극(양쪽의 극단)을 알겠는가?

* 그것은 표준이라는 것이 없는 것임을… 어느 것이 옳다라는 것은 없는 것이다.

正復為奇, 善復為妖

올바름이 뒤집혀서 속임수로 여기게 되고, 선함이 뒤집혀서 요사함으로 여기게 돼.

人之迷, 其日固久。

백성들이 그렇게 미혹된 것, 그 날들이 참으로 오래되었어.

是以聖人

이러한 까닭에 성인(깨달은 사람)은,

方而不割, 廉而不劌,

떳떳하지만, 그렇다고 (상대방을) 판단하려 하지 않고, 결백하지만, 그렇다고 (상대방을) 상처입히려 하지는 않아.

直而不肆, 光而不耀。

부정이 없지만 (곧지만), 그렇다고 (상대방을) 시험에 들게 하지 않고, (내면의 빛을) 비추지만, 그렇다고 (상대방을) 현혹하지는 않아.

※ 도덕경 해석 59장

| 나와 너를 아낀다는 것 (무경계)

治人事天, 莫如嗇。

사람을 돕고 하늘을 일삼음, (그것을 행함에) '아낌' 만한 것은 없어.

夫唯嗇, 是謂早服。

무릇 오직 아낄 뿐이니, 이것을 일컬어 조복(일찍 수용함 – 받아들임)이라 한다.

* 빠른 항복, 일찍 항복함 또는 그런 받아들임

早服謂之重積德,

조복 (내 맡기고 받아들임) 그것을 일컬어 덕을 거듭 쌓는다고 해.

* 저항하지 않고 일어나는 모든 일과 생각, 상황에 대하여 수용하고 받아들이는 것, 있는 그대로의 것에 보태지 않고 그대로 수용하고 알아차리는 것. 그리고 그 의도를 거듭내어 내면에 차곡차곡 쌓는다는 것.

重積德則無不克,

덕을 거듭 쌓으니, 곧 이기지 못할 것이 없어.

* 저항하지 않고 받아들이는 그 마음의 상태를 거듭 쌓아가는 것이니, 그것은 곧 무
  엇에 대하여 이기려고 하지 않는 것이니, 오히려 이기지 못할 것이 없게 된다.

無不克則莫知其極,

이기지 못할 것이 없으니, 곧 그 극을 알지 못해.

莫知其極, 可以有國。

그 극을 알지 못하니, 나라가 있을 수 있어.

有國之母, 可以長久。

나라가 있을 수 있게 하는 어머니(근원)는, 오래도록 지속될 수 있어.

是謂深根固柢長生久視之道。

이것을 일컬어 뿌리가 깊이 벋어 움직이지 않고, 오래도록 살아있으며, 오
랫동안 볼 수 있는 것의 도야.

※ 도덕경 해석 60장

| 작은 생선을 삶듯이

治大國若烹小鮮。

큰 나라를 다스리는 것은 마치 작은 생선을 삶듯이 해야 해.

* 작은 생선을 삶을 때, 너무 많이 뒤집으면 생선살이 다 떨어진다. 나라를 다스리

는 것도 너무 많은 간섭과 통제를 한다면 안된다는 말이다.

以道莅天下, 其鬼不神。

도를 가지고 세상에 다다르면, 그 귀신은 영험하지 않아.

非其鬼不神, 其神不傷人 ;

그 귀신이 영험하지 않을 뿐만 아니라, 그 영험함은 사람을 상하게 하지 않아.

非其神不傷人, 聖人亦不傷人。

그 영험함이 사람을 상하게 하지 않을 뿐만 아니라, 성인(깨달은 사람) 역시도 사람을 상하게 하지 않아.

夫兩不相傷, 故德交歸焉。

이 두 가지는 서로 상하게 하지 않으니, 그러므로 덕이 그곳으로 돌아와 섞이게 돼.

※ 도덕경 해석 61장

| 명상에 대해 (명상수행 1)

大國者下流。

큰 나라라는 것은 아래로 흐르네.

* 큰 나라는 (마치 물처럼) 아래로 흐른다.

天下之交, 天下之牝。

온 세상의 어울림, 온 세상의 계곡

牝常以靜勝牡, 以靜為下。

암컷이 항상 고요함으로 수컷을 이기는 것은 고요함으로 아래(수용, 받아들임, 놓아버림)가 되어서야.

* 골짜기는 항상 고요함으로 언덕의 경치를 아름답게 해주며, 이것은 내면의 고요함, 평정심을 유지하며 항복(수용함, 받아들임, 놓아버림)하는 것과 같다.

故大國以下小國, 則取小國 ;

그러므로 큰 나라는 작은 나라의 아래가 됨으로써, 곧 작은 나라를 취하고,

小國以下大國, 則取大國。

작은 나라는 큰 나라의 아래가 됨으로써, 곧 큰 나라를 취해.

故或下以取, 或下而取。

그러므로 혹 얻기 위하여 아래가 되고, 혹은 아래이기 때문에 얻는 것이야.

大國不過欲兼畜人,

큰 나라는 사람을 모아서 배가되게 하려는 것일 뿐이고,

小國不過欲入事人,

작은 나라는 사람들을 일할 수 있게 하려는 것에 불과할 뿐이니,

夫兩者各得其所欲,

이 두 가지 것(큰 나라, 작은 나라)은 각각 그 얻고자 하는 바의 것을 얻게 되니,

나를 잃어버려도 괜찮아

大者宜爲下

(그러므로) 큰 것이 마땅히 아래가 되어야 할 거야.

※ 도덕경 해석 62장

| 가장 중요한 것 (명상수행 2)

道者萬物之奧, 善人之寶, 不善人之所保。

'도'라는 것은 세상에 있는 모든 것의 깊숙한 안쪽이며, 착한 사람의 보물이고, 착하지 않은 사람을 지켜주는 바의 것이야.

美言可以市, 尊行可以加人。

꾸며진 아름다운 말도 시장에서는 쓸 수 있고, 근엄한 행위(자연스럽지 못한 행위)도 사람들에게 영향을 미칠 수 있는 것이니,

人之不善何棄之有!

사람 그것이 착하지 않다고 어찌 그 존재를 버릴 수 있겠는가!

故立天子, 置三公,

그러므로 천자를 세울 때, 삼공(영의정, 좌의정과 우의정)을 두는 거야.

雖有拱璧以先駟馬, 不如坐進此道。

비록 진기한 보물을 가지고 있으면서 사마(네 마리의 말이 끄는 수레)를 타고 앞으로 나아갈 수 있을지라도(부와 권력이 있을지라도), 앉아서 이 '도'에 힘쓰는 것만 못할 것이야.

古之所以貴此道者何？

옛날에 이 도를 귀중하게 여기는 사람이 있었다면 어떠했겠는가?

不曰求以得, 有罪以免邪？

구하여 (도를) 얻었다면, 죄가 있다고 해도 용서받을 것이기 때문이라고 말하지 않던가?

故為天下貴。

그런 까닭에 온 세상에서 귀하게 여겨.

※ 도덕경 해석 63장
| 순수한 의식을 회복한다는 것 (명상수행 3)

為無為, 事無事, 味無味。

에고 없이 행하고, 에고 없이 일하며, 에고 없이 맛을 봐.

大小多少, 報怨以德。

작은 것을 크게 여기고 적은 것은 많게 여기며, 원망은 덕으로써 갚아야 해.

圖難於其易, 為大於其細。

어려운 일을 꾀하려면 그 쉬운 것에서부터 해야 하고, 큰일을 하려면 그 미미한 것에서부터 해야 해.

天下難事必作於易,

온 세상의 어려운 일은 반드시 쉬운 것에서 만들어지고,

天下大事必作於細,

온 세상의 큰 일은 반드시 미미한 것에서 만들어지는 거야.

是以聖人終不爲大, 故能成其大。

이런 까닭에 성인(깨달은 사람)은 마침내 큰일을 하려고 하지 않으니, 그러므로 능히 그 큼을 이루어 낼 수 있어.

夫輕諾必寡信,

무릇 가벼운 승락은 반드시 믿음이 적고,

多易必多難,

많이 쉬우면 반드시 많이 어렵게 되는 거야.

是以聖人猶難之, 故終無難矣。

이러한 까닭에 성인(깨달은 사람)은 오히려 그것을 어렵게 여기니, 그러므로 끝까지 어려운 것이 없는 것이야.

※ 도덕경 해석 64장

| 하고자 함이 없음을 하고자 한다는 것 (명상수행 4)

其安易持, 其未兆易謀, 其脆易泮, 其微易散。

그 편안한 상황에서 (그 편안함을) 보존하기 쉽고, 그 조짐이 아직 있지 않을 때 (어떠한 일을) 도모하기 쉬우며, 그것이 연하고 부드러울 때 (그것을) 녹이기 쉬우며, 그것이 조금일 때 (그것을) 흩어버리기가 쉬운 거야.

為之於未有, 治之於未亂。

아직 (어떠한 상황이) 있지 않을 때 그것을 해야 하고, 아직 혼란스럽지 않을 때 그것을 다스려야 해.

合抱之木, 生於毫末 ;

두 팔로 감쌀 정도의 (큰) 나무도, 터럭같이 작은 끝(새싹)에서 태어나는 것이고,

九層之臺起於累土 ;

9층의 (높은) 누대도 흙이 쌓이고 쌓여서 세워지는 것이며,

千里之行, 始於足下。

천리의 길을 가는 것도 발 아래에서(한 걸음에서) 시작되는 거야.

為者敗之, 執者失之。

이루려고 하는 사람은 그것을 실패할 것이고, 잡으려고 하는 사람은 그것을 놓칠 것이야.

* 의도와 목적을 가지고 무엇인가를 한다는 것은 결국 실패하며, 갈망과 혐오를 일으켜 대상을 지속시키려 하거나, 대상을 없애고자 한다면 그것은 그렇게 되지 않을 것이다.

是以聖人無為, 故無敗 ;

성인(깨달은 사람)은 이루려 함이 없으니, 그러므로 실패가 없고,

無執, 故無失。

잡으려 함이 없으니, 그러므로 놓침도 없는 거야.

民之徒事, 常於幾成而敗之。

(일반) 백성의 무리들이 일을 진행함에, 항상 어느 정도 이루어지면, 그것을 실패하는데,

愼終如始, 則無敗事。

끝까지 삼가(언행과 몸가짐을 조심히)하며 처음과 같이 해나간다면, 곧 일을 진행함에 실패함이 없을 거야.

是以聖人

이런 까닭에 성인(깨달은 사람)은

欲不欲, 不貴難得之貨。

하고자 함이 없음을 하고자 하고, 어렵게 얻을 수밖에 없는 물건을 귀하게 여기지 않으며,

學不學, 復衆人之所過。

학문하지 않음을 배우고자 하고, 많은 사람들의 잘못을 회복하고자 해.

以輔萬物之自然, 而不敢為。

만물이 자연스럽게 (스스로 그러하게 존재하도록) 돕지만, 그러나 감히 (어떻게) 되게 하려고 하지 않는 거야.

※ 도덕경 해석 65장
| 고요한 의도에 대해 2

古之善為道者, 非以明民, 將以愚之。

예로부터 도를 잘 이룬 사람은, 백성을 똑똑하게 하지 않고, 장차 그들을 어리석게 하였어.

民之難治, 以其智多。

백성을 다스리기 어려움은, 그들의 꾀가 많기 때문이야.

故以智治國, 國之賊 ;

그러므로 꾀로써 나라를 다스리려 하면, 국가에 도적이 생기고,

不以智治國, 國之福。

꾀로써 나라를 다스리지 않으면, 국가에 복이 돼.

나를 잃어버려도 괜찮아

知此兩者, 亦楷式。

이 두 가지의 것을 아는 것, 또한 본보기가 되는 법칙이야.

常知楷式, 是謂玄德。

항상 본보기가 되는 법칙을 아는 것, 이것을 일컬어 현덕(고요한 의도)이라고 해.

玄德深矣, 遠矣, 與物反矣, 然後乃至大順。

현덕은 깊구나!, 멀리까지 미치는구나!, 만물과 더불어 돌아오는구나!, 그러한 후에 (이로 인해) 도리에 따르는 것을 (아주) 중요시함에 이르게 돼.

※ 도덕경 해석 66장

| 바다처럼

江海所以能為百谷王者, 以其善下之, 故能為百谷王。

강, 바다가 모든 골짜기의 왕 노릇을 할 수 있는 바의 까닭은, 그것이 그것 (골짜기)에 잘 아래가 되기 때문이며, 그러므로 모든 골짜기의 왕 노릇을 할 수 있게 되는 거야.

是以欲上民, 必以言下之 ;

이런 까닭에 (깨달은 이가) 다른 사람의 위에 서고자 한다면, 반드시 말을 함에 있어 (스스로를) 낮추었기 때문에 그렇게 될 것이며,

欲先民, 必以身後之。

사람들 앞에 나서고자 한다면, 반드시 몸으로써 (사람들) 뒤에 두었기 때문에

그렇게 될 거야.

是以聖人處上而民不重,

이런 까닭에 성인(깨달은 이)는 윗 (자리)에 처하면서도, 그러나 사람들이 무겁게 여기지 않고,

處前而民不害,

앞에 처하면서도, 그러나 사람들이 해롭다고 여기지 않으니,

是以天下樂推而不厭。

이런 까닭에 온 세상이 즐겁게 받들면서도, 그러나 혐오하지 않는 거야.

以其不爭, 故天下莫能與之爭。

그(깨달은 이)는 다투지 않기 때문에, 그러므로 온 세상이 그와 더불어 다툴 수가 없을 수밖에 없어.

※ 도덕경 해석 67장

| 세 가지 보물

天下皆謂我道大, 似不肖。

온 세상이 모두 내 '도'가 크다고 말하는데, (그런 것) 같지만, 같지 않아.

夫唯大, 故似不肖。

대체로 보아서 오직 크다는 것이니, 그러므로 (그런 것) 같지만, 같지 않다는

나를 잃어버려도 괜찮아

거야.

若肖, 久矣其細也夫。

만약 같다면, 오랫동안 변하지 않는다는 것이며, (고정된 어떤 실체가 있다는 것이며) 그것은 장황하고 번거로운 것일 거야~! (그러한 도는 장황하고 번거로운 것이 되어버린다는 말이야.)

我有三寶, 持而寶之。

나에게는 세가지의 보물이 있어,

* (세 가지 보물을) 지키고 그리고 그것을 보물로 여기는데,

一曰慈,

그 첫 번째는 '자애로움'이고,

二曰儉,

그 두 번째는 '(내면의) 가난'이며,

三曰不敢為天下先。

그 세 번째는 '감히 온 세상의 앞에 나서려 하지 않음'이야.

* 에고를 키우는 어떠한 행위, 생각, 말을 하지 않음을 이야기함. 깨달았으니 '나'가 사라지고, '나'가 사라지면 '사랑'만이 남게 된다. 사랑 속에 있으며, 온갖 에고의 잡다한 소리, 지식, 의식의 조건화된 모든 것들이 사라져, 내면에는 아무것도 없게 된다. 이러한 상태의 깨달은 이는 세상을 바꿔야 할 필요도, 외부상황을 어떻게 하려는 의도 자체가 일어나지 않는다. 그렇기 때문에, '자애로움'은 과감하고 용감할 수 있게 해주며, '내면의 비움'은 내면을 텅 비워 순수한 의식으로 존재할

수 있게 하며, '세상을 바꾸려하지 않음'으로 세상에서 존경받는 존재(어른)으로 살아가게 된다.

慈, 故能勇 ;

자애로움, 그러므로 과감하고 용감할 수 있고,

* 과감하고 결단력 있고, 용감할 수 있음.

儉, 故能廣 ;

가난, 그러므로 넓어질 수 있고,

* 에고가 없으니, 순수한 의식으로 존재할 수 있다는 의미

不敢為天下先, 故能成器長。

감히 온 세상 앞에 나서려 하지 않음, 그러므로 (세상의) 존중을 이루어 어른 (우두머리)이 될 수 있어.

今捨慈且勇,

지금 자애로움을 버리고, 장차 용맹을 (선택하고),

捨儉且廣,

(내면의) 가난을 버리고, 장차 넓히려 하니,

捨後且先, 死矣 !

뒤에 서고자함을 버리고, 장차 앞으로 나서고자 한다면, 죽을 것이야!

夫慈, 以戰則勝, 以守則固,

대저 자애로움으로, 전쟁을 한다면 곧 승리할 것이고,

나를 잃어버려도 괜찮아

* 내면의 동요와 두려움을 견딜 수 있다는 의미

지키려고 한다면 곧 굳건할 것이니,
* 내면의 머무름 – 고요는 평온함으로 확고해진다는 의미

天將救之, 以慈衛之。

하늘이 장차 그를 도울 것이며, (그것은) 사랑으로 그를 지켜줄 것이기 때문이야.

※ 도덕경 해석 68장

| 자연의 법칙

善爲士者不武,

군사의 일을 잘하는 사람은 용맹하지 않고,

善戰者不怒,

잘 싸우는 사람은 성내지 않으며,

善勝敵者不爭,

적을 잘 이기는 사람은 다투지 않아.

善用人者爲之下,

사람들을 잘 부리는 사람은 그들의 아래가 돼.

是謂不爭之德,

이것을 일컬어 다투지 않음의 덕이라고 하고,

是謂用人之力,

이것을 일컬어 사람을 부리는 힘이라고 하며,

是謂配天,

이것을 일컬어 자연(의 법칙)에 걸맞은 것이라고 하니,

古之極。

(이것이 바로) 옛날부터 사용된 근본(이치)이야.

※ 도덕경 해석 69장

| 전쟁에 대한 명언

用兵有言,

병사를 부리는 것에 대한 명언(말)이 있는데,

吾不敢為主而為客,

난 감히 주인이 되려 하지 않고, 그리고 손님이 되려 한다.

不敢進寸而退尺。

감히 한 마디도 나아가려 하지 않고, 그리고 한 자를 물러난다.

나를 잃어버려도 괜찮아

是謂行無行,

이것을 일컬어, 행함 없는 실천(에고 없는 행함)을 한다는 것이고,

攘無臂,

팔 없이 물리치고,

扔無敵,

겨룸 없이 깨뜨리며,

執無兵。

전쟁 없이 맡아 다스린다고 하는 거야.

禍莫大於輕敵,

적을 가볍게 여기는 것보다 더 큰 재앙은 없는데,

輕敵幾喪吾寶。

(만약) 적을 가벼이 여기면 종종 상복을 입게 될 거야. (이 교훈을) 나는 보물처럼 여겨.

故抗兵相加,

그러므로 병사로 겨루게 되어 서로 맞닿게 된다면,

哀者勝矣。

(오히려 그것을) 슬퍼하는 자가 승리하게 될 거야.

※ 도덕경 해석 70장

| 눈이 있는 자는 볼 것이고, 귀가 있는 자는 들을 것이다

吾言甚易知, 甚易行。

내 말은 몹시 알기 쉽고, 몹시 실천하기 쉬워.

天下莫能知, 莫能行。

(그런데) 온 세상이 알지 못하고, 실천하지도 못해.

言有宗, 事有君。

말에는 으뜸(가장 뛰어난 것)이 있고, 일에는 임금(본보기가 되는 사람, 현인)이 있으니,

夫唯無知, 是以不我知。

대저 알지 못하기 때문에, 이런 까닭에 나를 알지 못해.

知我者希, 則我者貴,

나를 아는 자가 드물기에, 나를 따르는 사람 (역시) 희귀한 거야.

是以聖人被褐而懷玉。

이런 까닭에 성인(깨달은 사람)은 (비유하자면 마치 겉으로는) 베옷을 입고 있으나 (속으로는) 옥을 품고 있는 것 같은 거야.

나를 잃어버려도 괜찮아

※ 도덕경 해석 71장

| 안다는 것

知不知上, 不知知病。

(스스로) 모른다는 것을 아는 것은 높고(수준이), (스스로) 모르는데 안다고 여기는 것은 병이야.

夫唯病病, 是以不病,

무릇 병을 병으로 여기기 때문에, 이러한 까닭에 병이 아니고,

聖人不病, 以其病病, 是以不病。

성인(깨달은 사람)은 병이 없는데, 그 까닭은 병을 병으로 여기기 때문이며, 이러한 까닭에 병이 없는 거야.

※ 도덕경 해석 72장

| 삶과 죽음에 대해 1

民不畏威, 則大威至。

백성들이 권위(형벌)를 두려워하지 않게 되면, 곧 더 심한 권위(형벌)가 내려지게 돼.(시행된다는 의미)

無*狎其所*居, 無厭其所生。

(백성들이) 그 무덤(과 같은/죽음)을 익숙하게 하지 말고, (백성들이) 그 삶을 살아

가는 곳을 싫어하게 하지 말아야 해.

- 狎 과하게 친하다, 익숙하다의 의미.
- 居 무덤의 의미로 쓰임.

夫唯不厭, 是以不厭。

무릇 오직 (통치자가 백성들로 하여금 삶을) 싫어하지 않게 하기 때문에, 이러한 까닭에 (백성들이 삶을) 싫어하지 않게 되는 거야.

是以聖人自知, 不自見。

이런 까닭에 성인(깨달은 사람)은 스스로를 알뿐, 스스로를 드러내 보이려(알아달라고) 하지 않고,

自愛, 不自貴。

스스로를 사랑할 뿐, 스스로를 귀하게 여겨달라고 (사람들에게 구걸)하지 않아.

故去彼取此。

그러므로 저것을 버리고 이것을 취하는 거야.

※ 도덕경 해석 73장

| 삶과 죽음에 대해 2

勇於敢則殺, 勇於不敢則活。

용기가 있어서 감히 행한다면, 곧 죽을 것이고, 용기가 있지만 감히 행하려

나를 잃어버려도 괜찮아

하지 않는다면, 곧 살 것이야.

* 에고적 용기는 내 생각, 의견 등을 나의 것으로 여기며 집착하여 그것을 행하려
고 하는 것이다. 내 생각이 맞기 때문에 그것을 감히 실행하려고 하는 것인데, 그
것은 내 생각을 세상에 혹은 다른 사람들에게 강요하는 행위가 될 것이고, 그것
에 대한 반작용은 저항과 거부가 될 거야. 그로 인해 결국 죽음을 앞당기게 될 수
밖에 없다는 말이다. 그러나 내 생각, 의견이 어떻게 일어나고 어떻게 사라지는
지를 알아차리고, 관찰하며, 일종의 거리를 둔다면, 내 생각, 내 의견에 집착하지
않게 되고, 그것을 감히 실행하려고 하지 않을 것이다. 즉 내 생각을 세상에 혹은
다른 사람들에게 강요하지 않으니, 세상이 혹은 사람들이 나를 죽이려고 할 이유
가 없어진다는 말이다.

此兩者, 或利或害。

이 두 가지 것은, 혹 이익이 되기도 하고, 혹 이롭지 못하게 되기도 해.

* 용기가 있어 감히 행하려 함, 용기가 있지만 감히 행하려 하지 않음, 에고적인 관
점으로 보면 용기가 있고 행하는 것이 에고에 이익이 되기는 하지만, 에고의 이
익이 되는 것이 오히려 목숨을 잃을 수 있는 이롭지 못함이 되기도 한다는 의미
이다.

天之所惡, 孰知其故？

하늘 그것이 싫어하는 바의 것을 누가 그 그러한 까닭을 알 수 있겠는가?

* 그것이 절대적으로 옳은지 혹은 그른지 에고는 알 수 없는 것이다. 도덕경 71장
에 '모른다는 것을 아는 것이 현명한 것이다'라는 비유가 있다.

是以聖人猶難之。

이러한 까닭에 성인(깨달은 사람)은 오히려 그것을 어렵게 여기는 거야.

* 그렇기 때문에 깨달은 사람은 오히려 어렵게 여기는 것이다.

天之道,

하늘 그것의 도는,

不爭而善勝, 不言而善應,

다투지 않지만 잘 이기고, 하소연하지 않지만 잘 화답하고,

不召而自來, 繟然而善謀。

부르지 않아도 스스로 오며, 띠가 늘어진 듯 그러하지만(헐렁해 보이지만) (자세히도) 잘 살펴.

天綱恢恢, 疏而不失。

하늘의 그물은 넓고 넓어서, 성기지만(그물의 틈이 널찍함) 빠뜨리지 않아.

※ 도덕경 해석 74장

| 삶과 죽음에 대해 3

民不畏死, 奈何以死懼之！

백성들이 죽음을 두려워하지 않는다면, 어찌 어떤 방법으로 그들에게 죽음의 두려움을 알게 하겠는가!

若使民常畏死而為奇者,

만약 백성들로 하여금 항상 죽음을 두렵게 하여, (그렇게 만든 후에) 기이하게 행하려는 사람을,

나를 잃어버려도 괜찮아

吾得執而殺之, 孰敢 ?

내가 맡아서 다스릴 수 있는 권한을 얻어 그를 죽인다면, 누가 감히 (그렇게 하겠는가)?

* 백성들을 잘 살게 하여 항상 죽음을 두렵게 하고, 기이한 행동을 하려는 사람(말을 안 듣는 사람)을 죽여버린다면, 누가 감히 (말을 안 듣는) 그런 행동을 할 수 있겠냐는 것이다.

常有司殺者殺,

항상 죽이는 직책을 맡은 자가 있어 (누군가를) 죽였는데,

* 자연의 법칙에 의해 죽게 되는 것인데,

夫代司殺者殺,

무릇 죽이는 직책을 맡은 자를 대신하여 (누군가를) 죽이려 한다면,

* 자연의 법칙을 거스르고 죽이려고 한다면,

是謂代大匠斲。

이것을 일컬어 (비유하자면) 훌륭한 장인(기술자) 대신 깎는 일을 하려 한다고 해.

夫代大匠斲者,

무릇 훌륭한 장인의 깎는 일을 대신 하려는 사람은,

希有不傷其手矣。

그 손을 다치지 않는 일이 드물 거야.

* 손을 다칠 거라는 의미임

※ 도덕경 해석 75

| 삶과 죽음에 대해 4

民之饑, 以其上食稅之多, 是以饑。

백성, 그들의 굶주림은, 그 위에서 먹기 위해 세금을 많이 걷기 때문이야.
이런 까닭에 굶주려.

民之難治, 以其上之有爲, 是以難治。

백성, 그들을 다스리기가 어려운 것은, 그 위에서 (에고로써) 다스리려 하기
때문이야. 이런 까닭에 다스리기 어려워.

民之輕死, 以其上求生之厚, 是以輕死。

백성, 그들이 죽음을 가볍게 여기는 것은, 그 위에서 삶을 두텁게 여기며
(욕심을) 부리기 때문이야. 이런 까닭에 죽음을 가볍게 여겨.

夫唯無以生爲者, 是賢於貴生。

무릇 오직 삶을 가지로 뭘 하려는 (마음)이 없는 사람, 이것이 삶을 귀하게
여기는 것보다 현명한 것이야.

나를 잃어버려도 괜찮아

※ 도덕경 해석 76장

| 삶과 죽음에 대해 5

人之生也柔弱, 其死也堅强。

사람 그것이 태어나면 역시 부드럽고 약한데, 그것이 죽음에 이르면 역시 굳고 단단해.

* 사람이 살아있을 때는 부드럽고 연약하지만, 죽으면 굳고 단단해진다.

萬物草木之生也柔脆, 其死也枯槁。

만물 초목 그것이 태어날 때는 역시 부드럽고 연한데, 그것이 죽음에 이르면 역시 시들고 마르게 돼.

* 만물 초목 역시도 살아있을 때는 부드럽고 연약하지만, 죽으면 시들고 말라버린다.

故堅强者死之徒, 柔弱者生之徒。

그러므로 굳고 단단하다는 것은 죽음, 그것의 무리이고, 부드럽고 연약하다는 것은 삶, 그것의 무리라고 할 수 있어.

是以兵强則不勝, 木强則兵。

이런 까닭에 병사가 강하면 곧 승리할 수 없고, 나무가 강하면 곧 병장기로 쓰이게 되는 것이니,

强大處下, 柔弱處上。

굳세고 거친 것은 낮은 (수준)에 머무른다는 것이고, 부드럽고 약한 것은 높은 (수준)에 머무른다는 말이야.

※ 도덕경 해석 77장

| 활을 당겨 쏘는 것처럼

天之道, 其猶張弓乎!

하늘(자연) 그것의 도는, 그것을 비유하자면 활을 당겨서 쏘는 것과 같아!

高者抑之, 下者舉之;

(활을 너무) 높이 들었다면 활 그것을 숙여서 낮추어야 하고, (너무) 낮게 들었다면 활 그것을 들어 올려서 (과녁에 맞추어야) 할 거야.

有餘者損之, 不足者補之。

(그런 것처럼) 남음이 있으면 그것을 덜어내고, 부족함이 있다면 그것을 보태야 할 거야.

天之道, 損有餘而補不足。

하늘(자연) 그것의 도는, 남음이 있는 쪽에서 덜어서, 그래서 부족한 쪽을 보충해줘.

人之道則不然, 損不足以奉有餘。

사람, 그것의 도는 곧 그렇지 않은데, 부족한 곳에서 덜어내어, 남음이 있는 쪽에 바치기 때문이야.

孰能有餘以奉天下?

누가 남음이 있게 하여, 그것으로써 천하에 바칠 수 있겠는가?

나를 잃어버려도 괜찮아

唯有道者。

오직 도가 있는 자가 (그럴 수 있을 거야).

是以聖人爲而不恃,

이러한 까닭에 성인은 (무엇인가) 해내지만, 그러나 자랑하지 않고,

功成而不處,

성과를 이루어내지만, 그렇지만 머물지는 않아.

其不欲見賢。

그는 (깨달은 사람) (스스로) 현명함을 드러내고자 하지 않아.

※ 도덕경 해석 78장

| 진리는 모순적이다

天下莫柔弱于水,

온 세상에서 부드럽고 약한 것으로는 물보다 더한 것은 없어.

而攻堅强者莫之能勝,

그러나 (물을) 굳세고 강한 것으로 공격한다고 해도 이길 수가 없어.

其無以易之。

그러한 것을 (사실을) 바꿀 수 있는 방법은 없을 거야.

* 이러한 진리를 바꿀 수 있는 방법은 없다.

弱之勝強, 柔之勝剛,

약함 그것이 강함을 이기는 것, 부드러움 그것이 단단함을 이기는 것

天下莫不知, 莫能行。

(이러한 것에 대해) 온 세상이 모르지 않지만, (그러나) 행(실행)하지 못해.

是以聖人云,

그런 까닭에 성인(깨달은 사람)이 말하길,

受國之垢, 是謂社稷主 ;

국가, 그것의 수치스러움(허물)을 받아들이는 것, 이것을 일컬어 사직의 주인이라 말하고,

受國之不祥, 是謂天下王。

국가, 그것의 상서롭지 못함(재앙)을 받아들이는 것, 그것을 일컬어 천하의 왕이라고 말해.

正言若反

바른 말은 마치 거꾸로인 듯해.

나를 잃어버려도 괜찮아

※ 도덕경 해석 79장

| 콩심은 데 콩나고, 팥심은 데 팥난다

和大怨,

큰 원망을 (용서, 받아들임) 화해하더라도,

必有餘怨 ;

반드시 남은 원망이 있으니,

安可以為善 ?

어찌 선으로 삼을 수 있겠는가?

是以聖人執左契,

이런 까닭에 성인(깨달은 사람)은 증명의 계약서를 들고 있을지라도,

而不責於人。

그러나 다른 사람에게 책임을 지우지 않아.

有德司契,

덕을 지닌 벼슬아치는 계약서(계약에 부합하는 합당한 것)로 하고,

無德司徹。

덕이 없는 벼슬아치는 구실(온갖 세납을 만들어서 받으려 함)로 하려 해.

天道無親,

하늘의 도는 친함이 없고,

* 자연의 법칙은 무엇에게나 동일하게 적용된다.

常與善人。

항상 착한 사람과 함께 해.

* 착한 사람이라는 것은 선한 파장을 내뿜고 있다는 의미로 볼 수 있다. 노자가 누
  차 강조한 것처럼 자신이 주는 것을 자신이 받을 것이라는 의미와 일맥상통하
  는 표현으로 보면 이치에 맞다. 마지막 81장에서도 위와 같은 내용의 근거가 쓰
  여 있는데, 既以爲人己愈有(이미 다른 사람을 위하기 때문에, 자기 자신은 더욱 여유롭게 되
  고), 既以與人己愈多(이미 다른 사람에게 주기 때문에, 자기 자신은 더욱 많아지게 되는 거야)
  라는 문장을 참고할 수 있다.

※ 도덕경 해석 80장

| 작은 나라 그리고 적은 백성

小國寡民。

작은 나라, 적은 백성

使有什伯之器而不用 ;

(백성들로 하여금) 여러 종류의 뛰어난 도구가 있어도 사용하지 않도록 하고,

使民重死而不遠徙。

백성들로 하여금 죽음을 무겁게 여기게 하며, 그리고 멀리 이사(이동)하지

않게 해야 해.

雖有舟輿, 無所乘之,

비록 배와 수레가 있을지라도, 그것을 탈 곳이 없게 하고,

雖有甲兵, 無所陳之。

비록 갑옷과 병장기가 있을지라도, 그것을 늘어놓을(진을 펼칠) 곳이 없게 하여야 해.

使民復結繩而用之。

백성들로 하여금 결승(밧줄을 묶어서 계약을 표시)의 방식을 다시 만들어, 그것을 쓰도록 해야 해.

甘其食,

그 음식을 달게 여기게 하고,

美其服,

그 의복을 아름답게 여기게 하고,

安其居,

그 거처를 편안하게 여기도록 하며,

樂其俗。

그 풍속을 즐겁게 여기도록 해야 해.

鄰國相望,

이웃나라가 서로를 바라볼 수 있고,

雞犬之聲相聞,

닭과 개의 울음소리가 서로 들리며,

民至老死,

백성들이 늙고 죽음에 이르기까지,

不相往來。

서로 오고 감이 없게 해야 해.

※ 도덕경 해석 81장

| 내가 준 것이 바로 내가 받을 것이다 2

信言不美, 美言不信。

믿음직한 말은 아름답지 않고, 아름다운 말은 믿음직하지 않아.

善者不辯, 辯者不善。

선한 사람은 교묘하게 말을 잘하지 못하고, 교묘하게 말 잘하는 사람은 선하지 않아.

知者不博, 博者不知。

(진실로) 아는 사람은 아는 것이 많지 않고, 아는 것이 많은 사람은 (진실로) 알

나를 잃어버려도 괜찮아

지 못해.

聖人不積。

성인(깨달은 사람)은 쌓아두려 하지 않아.

既以爲人己愈有,

이미 다른 사람을 위하기 때문에, 자기 자신은 더욱 여유롭게 되고,

既以與人己愈多。

이미 다른 사람에게 주기 때문에, 자기 자신은 더욱 많아지게 되는 거야.

天之道, 利而不害 ;

하늘의 도, (그것은) 이롭게 하면서도 해치지 않아.

聖人之道, 爲而不爭。

성인(깨달은 사람)의 도, (그것은 무엇을) 해내지만 그러나 (무엇과도) 다투지는 않아.

나를 잃어버려도 괜찮아 개정판

초판 1쇄 발행 2022. 5. 25.

지은이 노자
옮긴이 바이즈
펴낸이 김병호
펴낸곳 주식회사 바른북스

편집진행 임윤영
디자인 최유리

등록 2019년 4월 3일 제2019-000040호
주소 서울시 성동구 연무장5길 9-16, 301호 (성수동2가, 블루스톤타워)
대표전화 070-7857-9719 | **경영지원** 02-3409-9719 | **팩스** 070-7610-9820

•바른북스는 여러분의 다양한 아이디어와 원고 투고를 설레는 마음으로 기다리고 있습니다.

이메일 barunbooks21@naver.com | **원고투고** barunbooks21@naver.com
홈페이지 www.barunbooks.com | **공식 블로그** blog.naver.com/barunbooks7
공식 포스트 post.naver.com/barunbooks7 | **페이스북** facebook.com/barunbooks7

ⓒ 바이즈, 2022
ISBN 979-11-6545-376-3 03180